AF190078

Das Buch

Wann schmeckt Kaffee am besten? Was ist die geheime Botschaft einer Pizza? Was sollte man beim Sushi-Essen vermeiden und worauf muss man bei der Weihnachtspute achten? – Die Antworten auf diese und andere Fragen finden sich in den Beobachtungen von Bernd Finger, der zu einer genussvollen Reise durch Erinnerungen, Gerichte und Länder einlädt. Mit Liebe zum Detail, großer Sympathie für sein Sujet und feiner Komik beschreibt Finger quer durch die Jahrzehnte Familientraditionen und kulinarische Neuentdeckungen. So entsteht in lockerer alphabetischer Folge ein buntes Mosaik, das sich schließlich zu einer Erkenntnis zusammenfügt: Nichts verbindet die Menschen auf unserem Kontinent mehr als das Essen und Trinken in der Heimat Europa.

Der Autor

Bernd Finger, Jahrgang 1972, ist am Oberrhein aufgewachsen und hat an der Universität Freiburg studiert und gearbeitet. Auslandsaufenthalte führten ihn unter anderem an die *Université Libre de Bruxelles*, an die Deutsche Botschaft Budapest und an das Goethe-Institut Lyon. Er war als Lektor für Deutsch als Fremdsprache, Referent, Kulturattaché, Dozent, Studiengangkoordinator und Institutsleiter tätig. Derzeit leitet er das Europa-Referat des Wissenschafts-ministeriums in Stuttgart. Dies Buch ist seine erste literarische Veröffentlichung.

Bernd Finger

Der Geschmack und das Leben

Vom Essen und Trinken in der Heimat Europa

Umschlagbild: Giuseppe Arcimboldo –
http://masterpieceart.net/giuseppe-arcimboldo/,
Public Domain

Bibliografische Information der Deutschen Nationalbibliothek:
Die Deutsche Nationalbibliothek verzeichnet diese Publikation
in der Deutschen Nationalbibliografie; detaillierte
bibliografische Daten sind im Internet über http://dnb.dnb.de
abrufbar.

© 2018 Bernd Finger
Herstellung und Verlag:
BoD – Books on Demand, Norderstedt

ISBN: 978-3-7460-8878-5

Inhaltsverzeichnis

Vorwort

Ich würde mich selbst eher als Grobschmecker bezeichnen. Auch sehr einfache Produkte und Gerichte können mir unheimlich gut schmecken, wenn die Rahmenbedingungen dafür stimmen. Feinschmecker-Restaurants hingegen verunsichern mich; die Kellner dort geben einem das Gefühl, als wäre man für sie da und nicht umgekehrt. Aber egal, ob fein oder grob: In der Mitte meines Lebens – so Gott will – stelle ich fest, dass Geschmackserlebnisse mich immer begleitet haben und meiner Erinnerung Orientierung geben. Der Geschmack verbindet sich mit anderen Sinneseindrücken und wird zum Zugangscode für Schlüsselmomente, für Lebensphasen, für Entdeckungen und Empfindungen. Dies ist sicher nicht nur bei mir so. Wann immer Menschen sich einer Gruppe, einer Gegend oder einem Land zugehörig fühlen, machen sie das auch an bestimmten Lebensmitteln und Gerichten fest. Und wann immer Menschen und Kulturen miteinander in Kontakt treten ist der Austausch über ihre Ähnlichkeiten und Unterschiede auch eine Frage des Geschmacks – in jedem Sinn, den das Wort zu bieten hat. Dass wir überhaupt auch von „Geschmack" reden, wenn wir unsere Vorlieben des Sehens und Hörens beschreiben, lässt schon tief blicken. Der Geschmackssinn mag zunächst weniger essentiell als andere erscheinen. Aber er ist die einzige Wahrnehmungsart, die wir im Moment des Erlebens in uns aufnehmen, die wirklich Teil von uns wird.

All dies ist Grund genug für mich, dieser Spur nachzugehen. Die folgenden Aufzeichnungen gliedern sich in alphabetischer Reihenfolge nach unterschiedlichen Produkten, Speisen oder Essensanlässen und geben Erinnerungen wieder, die ich damit verbinde. Im besten Fall soll dieses Buch daher zunächst ein autobiographisches Mosaik bieten, das mein Leben aus der Perspektive des Gaumens beschreibt. Es kann ferner anekdotische Hinweise auf die Lebensgewohnheiten eines in den 1970er Jahren geborenen Mitteleuropäers liefern. Und es will schließlich ein paar Anregungen unterbreiten, den einen oder anderen Geschmack auch wieder einmal aufzusuchen oder zu probieren.

Worum es hier allerdings nicht gehen soll, das sind die zahlreichen ernährungspolitischen Diskussionen, die heute geführt werden. Ohne Zweifel: Wer was wo in welcher Menge und Qualität zu sich nimmt, kann weitreichende Folgen haben. Für die Gesundheit ganzer Bevölkerungsgruppen, für die wirtschaftliche Entwicklung vieler Nationen, ja sogar für Umwelt und Klima auf der ganzen Welt. Dennoch werde ich diese Fragen hier nicht erörtern, weil ich es nicht fundiert tun könnte und weil es hier eben um einen anderen – einen persönlich-biographisch-kulturellen – Zugang zum Essen geht. Das heißt aber auch, dass ich hier mitunter Genüsse preisen werde, die aus vielerlei Gründen gemieden werden sollten. Sei´s drum, sie gehören dazu!

Es sei noch erwähnt, dass ich für diese Aufzeichnungen kaum etwas recherchiert habe (außer vielleicht eine korrekte Schreibweise). Es ging mir nicht darum, möglichst viele Sachinformationen zusammenzutragen, sondern die Dinge so zu beschreiben, wie ich sie erinnere und wahrgenommen habe. Daher wird ein kritischer Leser sicher einige Fehler und Falschdarstellungen finden, die aber allesamt zu meiner konstruierten Realität gehören und deshalb hier ihren Platz haben.

Zu diesem Buch haben vor allem jene beigetragen, die mir die erwähnten Speisen zubereitet, vermittelt, geschenkt oder verkauft haben – und sei es auch nur eine Tüte Pommes. Ihnen allen gilt mein aufrichtiger Dank.

Unendlich dankbar bin ich meiner Frau; ohne sie schmeckte das Leben fad.

***

Antipasti & Tapas

Wie schön, dass uns der alphabetische Zufall die italienischen Antipasti an den Anfang dieser Betrachtungen stellt! Antipasti, die Vorspeisen aus Italien, und Tapas, die Zwischenmahlzeiten aus Spanien – das sind natürlich zwei recht unterschiedliche Themen, denen jeweils eigene Bücher gewidmet werden. Was sie aber verbindet, ist eine bestimmte Haltung, die in der deutschen Esskultur weniger verbreitet zu sein scheint. In dieser Haltung drückt sich zunächst eine tiefe Freude an der Vielfalt der heimischen Küche aus. Man kann es deshalb niemals bei einem einzigen Antipasto oder Tapa belassen (man merkt schon, wie deplatziert der Singular hier klingt). Man braucht fünf-sechs-sieben davon, damit das ganze einen Sinn ergibt. Erst dann kann man im geschmacklichen Reichtum, der sich einem bietet, schwelgen und jedes Mal ein kleines Erntedankfest feiern.

Hier schließt sich das zweite Element der Antipasti-Tapas-Haltung an: die Spielfreude. Wer Tapas oder Antipasti vorbereitet, ist ein *homo ludens* in der Küche. Er sucht sich seine Zutaten zusammen wie ein Kind Legosteine oder Playmobil versammelt, um dann in spielerischer Selbstvergessenheit die Dinge so zu kombinieren, wie es Lust und Laune gebietet. Wahrscheinlich liegt hierin auch ein Teil des Erfolgsrezeptes von Antipasti und Tapas: Die Freude am kulinarischen Spiel überträgt sich mühelos auf den Kunden oder Gast. Antipasti oder Tapas essen heißt, mitspielen zu dürfen, und das ist ja schon immer das größte Glück gewesen.

Jetzt ist es nur noch ein kleiner Schritt zu dem Element, das die hier beschriebene Haltung komplettiert: Es geht um die Freiheit, die mit dem Antipasti- oder Tapas-Essen verbunden ist. Hier muss man nicht ein ganz bestimmtes Gericht in einer ganz bestimmten Reihenfolge zu sich nehmen. Man hat die Freiheit, jene Auswahl und Abfolge zu treffen, die den eigenen Vorlieben entspricht. Und trotzdem bleibt die Gemeinschaft mit den anderen Anwesenden ungebrochen. Jeder trifft seine Wahl; alle respektieren einander; das Gemeinwesen funktioniert. Ein wahrlich demokratischer Genuss!

So, nun habe ich drei Abschnitte lang Antipasti und Tapas gelobt und dabei kein einziges konkretes Beispiel genannt. Ich kann verstehen, dass der eine oder die andere ungeduldig wird und wissen will, aus welchem Honig ich hier die spielerische Haltung der Vielfalt und Freiheit sauge. Aber genau dann würde ich Ihnen ja durch die von mir vorgesetzten Bilder einen Teil des beschriebenen Zaubers nehmen. Gehen Sie selber los! Suchen Sie sich Ihre Antipasti und Tapas aus – auch wenn es vielleicht gar keine sind.

Apfel

In der Sprache der Sozialwissenschaften würde man den Apfel vielleicht als *game changer* bezeichnen. Wo er auftaucht, bleibt nichts, wie es war: Eva isst einen harmlos aussehenden Apfel – und die ganze Menschheit wird für immer aus dem Paradies verbannt. Wilhelm Tell schießt einen Apfel vom Kopf seines Sohnes – und fortan spielt die Schweiz jahrhundertelang auf der Weltbühne ihre ebenso neutrale wie geschäftstüchtige Rolle. Issac Newton fällt ein Apfel auf den Kopf – und Generationen von Schülern plagen sich mit Gravitationslehre und klassischer Physik.

Ich glaube, der Apfel hat seinen Weg in diese und andere Geschichten gerade wegen seiner Alltäglichkeit gefunden. Wenn man will, dass sich jemand eine Geschichte merkt, muss man etwas darin einbinden, das ihm vollkommen vertraut und natürlich ist – wie einen Apfel. Wenn man Identifikation erreichen will, hilft ein beiläufig erwähnter oder gezeigter Apfel dabei, die Distanz zu verringern. Deshalb haben die mittelalterlichen Kaiser auch einen Reichsapfel aus Gold mit sich herumgeschleppt. Deshalb nennen die Einwohner der gefühlten Welthauptstadt ihre Heimat *big apple*. Und deshalb kommen die coolsten Computer oder Handys – na, Sie wissen schon.

Und doch hat es der herkömmliche Apfel in unserem Alltag nicht immer ganz leicht. Wir sind es so sehr gewöhnt, süße, weiche, gefällige und für uns optimierte Lebensmittel zu essen, dass ein durchaus knackiger und saurer Apfel uns zunächst Überwindung kostet. Aber wie das mit der Überwindung so ist: Sie lohnt sich meistens. Nach zwei-drei Bissen hat man die erste Scheu abgelegt und freut sich an der einzigartigen Knackigkeit, der sauren Frische und an dem Versprechen ewiger Gesundheit, das uns der Apfel verheißt: *An apple a day keeps the doctor away!* – Dies war wohl der erste zusammenhängende Satz in englischer Sprache, den ich in meinem Leben gelernt habe und entsprechend tief hat er sich in meine Erinnerung gegraben. Ich esse keinen Apfel, ohne dass in einem Moment kurz diese englische Lebensweisheit in mir aufblitzt und ich mich angenehm bestätigt fühle.

Wenn man nun den Schritt vom naturbelassenen Apfel zu all den Zubereitungsmöglichkeiten vollzieht, die er bietet, wird einem fast schwindelig. So sehr, dass man sich zunächst bei einem Glas Apfelschorle – dem unangefochtenen Nationalgetränk der Deutschen – erholen muss. Aus dem Reich der süßen Speisen erwähnen wir hier nur den klassischen Apfelkuchen, den die geschickten Konditoren gerne als „Omas

Apfelkuchen" verkaufen, weil sie wissen, dass man dieser Assoziation nicht widerstehen kann. Interessanter wird es jedoch, wenn wir den Apfel mit über die Grenze in die Welt der pikanten Genüsse nehmen. Hier ist er ein Exot, ein Außenseiter, der sich immer wieder gegen Zweifler durchsetzen muss. Drücken wir ihm dabei die Daumen! Sei es im riesigen Römertopf, in dem die Weihnachtspute meines Vaters schmort (siehe dort); sei es im gut gewürzten Apfel-Fenchel-Salat, vor dem jede Erkältung kapituliert; sei es in dünnen Scheiben auf einem herzhaften Sandwich. Er bleibt sich treu: Auch hier ist der urvertraute Apfel ein *change agent*, der alt bekannten Gerichten einen neuen geschmacklichen Dreh verpasst. Auch nach uns wird er seinen Weg durch die Küchen, Kittel und Kulturen der Welt unbeirrt fortsetzen.

Asien

Die Grenze zwischen Europa und Asien verläuft auf der Treppe ins Untergeschoss. So war das bei meinen Eltern. Sie haben über Jahrzehnte hinweg Studierende aus allen Winkeln der Welt bei sich wohnen gehabt. Häufig auch Asiatinnen, die uns in den 80er Jahren bei den ersten Gehversuchen auf dem genauso unbekannten wie faszinierende Terrain der asiatischen Küche halfen. So lernten wir aus Indonesien *Nasi Goreng* kennen. Wir Kinder freuten uns doppelt: über den lustigen Namen und darüber, dass Reis und Gemüse lecker schmecken können. Später lernten wir sogar den Unterschied zu *Bami Goreng* und konnten die verblüfften Nachbarsjungs mit unseren Indonesisch-Kenntnissen beeindrucken. Wer darauf schnippisch reagierte, wurde kurzerhand als *Orang Utang* beschimpft. Gut zum Angeben eignete sich auch *Kroepoek*; einerseits, weil niemand zuvor davon gehört hatte und andererseits, weil alle ehrfürchtig zusammenzuckten, wenn wir erklärten, dass das Chips aus Krabbenfleisch seien, die lecker auf der Zunge bitzeln. Und da man als junger Mensch ein Faible für miese Streiche hat, haben wir den ganz Ahnungslosen gerne einen guten Teelöffel voll *Sambal Oelek* angeboten. (Erst Jahrzehnte später wurde mir klar, dass wir „Kröpök" immer falsch ausgesprochen hatten. Die Schreibweise stammt aus dem Niederländischen, wo ein „oe" als „u" ausgesprochen wird, „Krupuk" also. Es muss demnach auch „Sambal Ulek" und nicht „Ölek" heißen, was mich immer noch irritiert.)

Ich glaube, dass die erste Mango bei uns nicht aus dem Supermarkt kam, sondern von Mitbewohnern aus Übersee präsentiert wurde. In jedem Fall war das bei Litschi so, jenen süßen Früchten mit parfumartigem Aroma. Über meine hellauf begeisterte Reaktion auf die erste Litschi ist der Satz überliefert: „Ich könnte von Litschi leben." Später habe ich mein Lob etwas zurückhaltender ausgedrückt, aber hingerissen war ich trotzdem, als die Studentin aus Japan uns geduldig erklärte, wie man Sushi isst (siehe dort) und uns mit *Tempura*, Gemüsestücken im Teigmantel frittiert, verwöhnte.

Chinesisches Essen haben wir – ehrlich gesagt – nicht zuhause, sondern im Urlaub in England kennen gelernt, wo wir uns von einem *Chinese Food to Take Away* zum anderen durchschlugen. Aber ohne die anderen asiatischen Kulturmittler in unserem Haus, wären meine Eltern vielleicht nicht so weit gegangen, mein Konfirmations-Festessen (im Jahre 1987) von einem chinesischen Restaurant vom anderen Ende der Stadt her bringen zu lassen. Mir gefällt der Gedanke, dass das Fest zur Bestätigung meines christlichen Glaubens auf diese Weise einen subtilen konfuzianischen Beigeschmack erhielt.

14

Bei anderen asiatischen Geschmacksrichtungen werde ich unsicher: Wo habe ich zum ersten Mal die Kokosmilch- und Erdnussvariationen der thailändischen Küche kennengelernt? Wann wurde ich erstmals Zeuge der intensiven Geruchswelt indischer Gerichte? Wie habe ich auf die erste Portion koreanischen *Kim-Chis* – mit dem eigentümlichen Kohl- und Knoblauchgeschmack – reagiert? – In jedem Fall möchte ich mich so tief vor der asiatischen Küche verneigen, dass dies auch ein konservativer Japaner als Ehrerbietung verstehen würde. Ich will nicht so weit gehen, zu behaupten, dass die asiatische Küche der europäischen „überlegen" sei, denn dies wäre ein typisch europäischer Gedanke. Aber eine Bewusstseinserweiterung darf man es schon nennen, was uns Menschen aus Asien an (oft auch sehr gesunden) Genüssen mitgebracht haben. Ich bin dankbar, dass ich – Jahre bevor ich erstmals asiatischen Boden betrat – diese kulinarische Grenze in meinem Elternhaus übertreten durfte.

Aubergine & Zucchini

Ich weiß nicht, ob es im Reich des Gemüses so etwas wie Geschwisterschaft gibt. Doch es sieht ganz so aus: Aubergine und Zucchini sind zwar keine Zwillinge. Dafür sind die Unterschiede in Form und Farbe zu offensichtlich. Aber Geschwister sind sie wahrscheinlich schon. Sie treten sehr oft zusammen auf und sie treten ein für die Werte und den Anspruch ihrer Familie: natürliche Eleganz und mediterraner Stolz.

Deshalb zieht, wer das Privileg hat, sie zu genießen, innerlich den Hut vor diesem geschmackvollen Geschwisterpaar. Auf dem Grill lassen sie die nebenan brutzelnden Würste recht profan aussehen und geben der ganzen Veranstaltung ein anderes Niveau (zur Freude der anwesenden Vegetarier). In der Pfanne wandeln sie ihre Gestalt und nehmen duftverströmend eine unendlich verführerische Konsistenz an. Im Ofen lassen sie sich bereitwillig überbacken und werden ihrer tragenden Rolle würdevoll gerecht.

Doch zur Höchstform laufen die Geschwister erst auf, wenn ihre Cousins dabei sind. Ich spreche vom Ratatouille. Da sind sie dann zu sechst: Aubergine und Zucchini, unterstützt und umringt von Tomate und Paprika, Zwiebel und Knoblauch. In diesem bunten Sechseck entsteht schmorend, wie ich meine, das beste Gemüsegericht der Welt: Sechs individuelle Geschmacksnoten, die perfekt aufeinander abgestimmt sind und ein harmonisches Ganzes ergeben. Eine Hymne an die provenzalische Lebenskunst, die im Schein der Sonne und im Duft der Landschaft kunstvoll erklingt.

Und ich habe noch einen Superlativ zu bieten: Die beste Pizza der Welt – zumindest für mich – ist diejenige, auf der Aubergine und Zucchini sich mit Ziegenkäse zu einer unschlagbaren Allianz verbünden. Das Beste aus dem Garten und von der Weide! Zum Glück ist diese Pizza noch ein Geheimtipp, den nicht jeder Pizzabringdienst im Standardangebot hat. Man findet sie eher bei den alt-eingesessenen Pizzerien, die sich noch in italienischer Familienhand befinden. Dort weiß man, wie wichtig geschwisterliche Bande sind.

P.S.: Wie bei allen Geschwisterpaaren treten auch hier gelegentlich Abgrenzungstendenzen und Konkurrenzkampf auf. So hat die Zucchini sich entgegen alle Absprachen auf das Terrain der süßen Speisen hervorgewagt. Das *zucchini bread*, das meine Frau aus ihrer Zeit in den USA mitgebracht hat, ist ein fantastischer Kuchen! Schlicht im Anblick, ohne großen Firlefanz, aber von einer atemberaubenden Saftigkeit.

16

Avocado

Es ist ein häufiges Motiv in diesem Buch, dass Lebensmittel oder Gerichte für eine bestimmte Charaktereigenschaft stehen. So auch bei der Avocado: Sie ist das Sinnbild für Großzügigkeit. Keine andere Frucht beschenkt den, der sie öffnet mit einem so reichhaltigen Geschmack, der sich in jeder Faser ihres Fruchtfleisches offenbart. Klar, die richtige Reife muss sie haben. Und man muss sich etwas geschickt anstellen, damit einem der kugelrunde Kern (oder Stein?) nicht aus der Hand flutscht, herunterfällt und bis unter den Herd über den Boden kullert. Aber wenn diese kleine Ablenkung überwunden ist, kann man sich dem großzügigen, ja verschwenderischen, Genuss widmen. Wie bei allen vortrefflichen Lebensmitteln braucht man nur eine Prise Pfeffer und einen Hauch von Salz. Wenn man ein Essen für zwei Personen vorbereitet, hat man mit einer einzigen Avocado im Handumdrehen – halbiert auf einer Untertasse – eine stilvolle Vor-Vorspeise gezaubert und kann sich als großzügiger Gastgeber fühlen.

Banane

Mein Bruder und ich mussten noch sehr klein gewesen sein. Aus irgendeinem Grund hatten wir zwei junge Schwedinnen zu Besuch und aus irgendeinem anderen Grund waren wir Kinder alleine mit ihnen zu Hause. Irgendwie haben uns dann die Schwedinnen zu verstehen gegeben (auf Englisch?), dass sie hungrig seien. Ich weiß nicht, ob in Schweden kleine Kinder öfters die Gäste bekochen, aber wir waren, ehrlich gesagt, etwas überfordert. Doch dann hatte mein Bruder – der ältere von uns – die Idee und schritt zur Tat: Er holte eine Banane aus dem Kühlschrank, schälte sie fachmännisch, legte sie in einen tiefen Teller – um sie dann vor den Augen der entgeisterten Schwedinnen nach Herzenslust mit einer Gabel zu zermantschen. Als von der armen Banane nur noch ein leicht schaumiger Brei übrig war, schob er den Teller strahlend zu unseren Gästen hinüber.

Die Schwedinnen haben abgelehnt. (In der Rückschau hätte ich von Gästen aus Skandinavien etwas mehr Coolness erwartet.) Und die freundschaftlichen Beziehungen unserer Familie nach Schweden haben in den folgenden Jahren merklich abgenommen. Ob das mit der Bananen-Episode zusammenhing, vermag ich nicht mehr zu beurteilen. Mein Bruder ist übrigens leider kein Koch geworden. Sonst hätte dies eine nette Anekdote über die ersten Gehversuche in seinem künftigen Metier werden können.

Auch wenn unsere Vorliebe für Bananenbrei mit der Zeit verflog; die Banane blieb und bleibt ein treuer Begleiter: Vor allem unterwegs, dank ihrer äußerst benutzerfreundlichen Beschaffenheit. Aber auch in vielerlei Kombinationen: Als Bananenscheibe auf kleinen Brotstücken, die meine Mutter zum Fernsehabend reichte. Als Bananenstücke im Müsli. Als *Banana Split* – viel zu selten. Als Bananensaft im Kiba oder Baki, je nachdem. Als Zutat zur süß-sauren Currysoße. Und als Magnesiumquelle, nach deren Genuss man sich eine entspannende Wirkung einbilden kann.

Noch eines: Als Westdeutscher empfinde ich tiefe Scham darüber, dass die Banane in der Wendezeit für allerlei grobe Witze von Wessis über Ossis herhalten musste. Die Urheber dieser arroganten Sprüche müsste man mit einer zermantschten Banane von meinem Bruder bestrafen.

Beeren

Eltern von Jugendlichen sind oft bestrebt, ihren leicht verpeilten Nachkommen so etwas wie Verantwortungsbewusstsein nahezubringen. Meist erhoffen sie sich einen positiven Effekt von der Übertragung einzelner Tätigkeiten im Haushalt. Selten mit Erfolg. Wobei: Ich kann mich immerhin noch daran erinnern, welches meine beiden pädagogischen Aufgaben ab dem Alter von etwa zehn Jahren waren: Das abendliche Herunterlassen der Rollläden im ganzen Haus – und das Pflücken der Johannisbeeren an den beiden Sträuchern rechts und links des Gartenweges. Es war zwar etwas mühsam, die Johannisbeeren heil von den kleinen Ästchen abzuzibbeln. Und so richtig zum Naschen eigneten sich die sauren Biester auch nicht. Trotzdem gefiel mir der Gedanke, dass ich zu einem Stamm von „Jägern und Sammlern" aus der Steinzeit gehöre, die edel durch die Wälder streifen und sich von Mammutfleisch mit Johannisbeeren ernähren.

Wenn die Plastikschale (ein untrüglicher Hinweis, dass ich mich doch im 20. Jahrhundert befand) voll war, präsentierte ich sie stolz meinem Vater. Der hatte die durchaus motivierende Angewohnheit, sich von den frisch gepflückten Johannisbeeren gleich eine Portion zu waschen, mit Milch zu übergießen, ordentlich zu zuckern und stumm-anerkennend mit einem großen Löffel zu genießen.

Ich erinnere mich auch an den Stachelbeerbusch im unendlich scheinenden Garten meiner Tante und meines Onkels. Wenn wir nach langer Anreise quer durch die Republik dort eintrafen, war das Aufsuchen des Stachelbeerbuschs ein Teil meines persönlichen

Ankunftsrituals. Die erste gefundene und verspeiste Stachelbeere übermittelte nicht nur ihren eigenen Geschmack, sondern auch das Versprechen langsam-schöner Tage im pflichtenfreien Ferienmodus.

Es ist seltsam: Wie jeder Normalverbraucher schmiere ich mir regelmäßig Himbeermarmelade aufs Brötchen, löffle ich Erdbeerjoghurt und kaufe ich mir ab und zu einen Blaubeer-Muffin. All dies mit viel Genuss, aber ohne besondere persönliche Bindung an diese Produkte. Die Erinnerungsbeeren meiner Kindheit hingegen haben es nicht in meinen Alltag geschafft und ich will gar nicht nachrechnen, wie viele Jahre ich keine Johannisbeeren in Milch und Zucker mehr gegessen habe. Also habe ich letzte Saison mit freundlicher Hilfe meiner Frau – die weiß, wie man mit Lebewesen aller Art umgehen muss – einen Johannisbeer- und einen Stachelbeerstrauch gekauft. Das Einpflanzen ging erstaunlich fix; ich hatte mich mental auf ein schwieriges Unterfangen mit viel Hin und Her eingestellt. Jetzt sind die Sträucher angewachsen und es heißt warten, bis die Johannisbeeren wieder als Lebens- und Erziehungsmittel zum Einsatz kommen können.

Bier

Das perfekte Bier entsteht nicht in der Brauerei. Dort wird es nur vorbereitet. Für das perfekte Bier braucht man eine Reihe situativer Zutaten, die nicht im deutschen Reinheitsgebot stehen. Ich versuche es mal: Die Außentemperatur sollte ca. 25 Grad betragen. Als Uhrzeit ist die „blaue Stunde" zwischen 18:30 Uhr und 19:30 Uhr anzupeilen. Man sollte zu diesem Zeitpunkt einen relativ anstrengenden Arbeitstag hinter sich haben und gerade ein paar Kilometer Fahrrad gefahren sein. In dieser

20

Stimmung setze man sich unter freiem Himmel an einen Holztisch, auf den durch lichtes Blattwerk die tiefer stehende Sonne scheint und von wo man auf eine Wasserfläche blickt. Wenn die Bierflasche oder das Glas in der Hand angenehm kalt, aber nicht eiskalt ist, dann kann man einen Moment innehalten und sich sagen: Das ist jetzt das perfekte Bier! – Diese Situation kann sich an hunderten von Orten in Europa abspielen, aber ich verrate, an welchen ich gedacht habe: Der kleine Biergarten auf der Halbinsel im Max-Eyth-See bei Stuttgart. Wer also im Sommer einen Termin in der Schwabenmetropole hat, sollte unbedingt seine Kunden, Kollegen oder Geschäftspartner stehen lassen und an diesen leicht abgelegenen See fahren. Das perfekte Bier ist es wert!

Szenenwechsel: Ich stehe neben meinem Freund in der Toilette der Jugendherberge und wundere mich, warum ich gleichzeitig so viel kichern und so viel pinkeln muss. Sie ahnen schon: Hier haben zwei etwas zu junge Typen etwas zu viel Bier getrunken. Ab diesem Moment beginnt ein Freud- und Leidensweg, dem man sich als männlicher Mitteleuropäer nur schwer entziehen kann. Es ist schon seltsam, was für eine Bruderschaft junge Kerle dank des alkoholhaltigen Gebräus untereinander schließen. Das Bier wird zu einem fast sakralen Band zwischen den durstigen Jungs und sie lassen sich allerlei Trinkspiele und -wettbewerbe einfallen, um ihrem heiligen Getränk zu huldigen. Vieles, was man in diesem Zusammenhang erlebt, verdient keine literarische Würdigung. Zum Glück bemerken die meisten irgendwann, dass das Heilige in diesem Leben nicht in einer Bierflasche zu finden ist, sondern einen etwas mühevolleren Zugang erfordert. Und weil man auf diesem mühevollen Weg Herz und Verstand benötigt, sollte man beides nicht durch zu viel Jugendbier beschädigen. Gegen ein kühles Kristallweizen zum Feierabend am See ist aber gewiss nichts einzuwenden.

Szenenwechsel No. 2: Es hat nur einen Besuch gebraucht, um mich zu bekehren. Ein Besuch in einer belgischen Kneipe – und ich habe für immer dem deutschen Reinheitsgebot abgeschworen. Wenn man 400 unterschiedliche Biersorten aus doppelt so viel unterschiedlichen Gläsern trinken kann, merkt man schnell, dass das deutsche Reinheitsgebot nur eine institutionalisierte Phantasielosigkeit ist. Es ist sehr peinlich, dass das deutsche Brauereigewerbe dennoch bei jeder Gelegenheit stolzdoof darauf hinweist. Wenn einem 500 Jahre lang nichts Neues einfällt, dann muss man das doch nicht auch noch auf jede Bierflasche schreiben! In solchen Momenten bedaure ich, dass die Konstrukteure Belgiens dieses Land etwas zu klein und zu zerstritten ausgelegt haben. Sonst hätten wir uns vielleicht doch dem Belgischen Reich anschließen und das deutsche Reinheitsgebot (und ein paar andere Unsitten) über Bord werfen können. Aber weil daraus nichts wurde, ist nun die Europäische Kommission meine letzte Hoffnung. Sie wird das deutsche Reinheitsgebot wahrscheinlich wegen Wettbewerbsverzerrung verbieten. Und sollten die zuständigen Eurokraten diese Maßnahme nicht mit dem nötigen Eifer betreiben, brauchen wir keine Lobbyisten auf sie ansetzen. Es reicht ein Besuch in der belgischen Kneipe um die Ecke.

Brot

Ist es nicht bemerkenswert, dass genau in der Mitte des bekanntesten Textes der Welt der Satz steht: „Unser tägliches Brot gib uns heute"? Und ist dies nicht umso bemerkenswerter, als dass es im „Vaterunser" sonst eher um spirituell-moralische Themen geht: Gott, Glaube, Schuld, Versuchung, Herrlichkeit...? Da wirkt der Satz über das Brot fast wie eine versöhnliche Geste. Ein Hinweis, dass hier nicht nur hohe religiöse Ansprüche eine Rolle spielen, sondern auch *wir* als Menschen, mit unseren Körpern, unseren physischen Bedürfnissen, unserem Hunger nach Brot. Das tägliche Brot in den Worten Jesu Christi wirkt auf mich wie eine Brücke, eine Einladung. Vielleicht ist das auch der Grund, warum ich diesen Satz des Gebetes immer besonders gern mitgemurmelt habe.

Eine andere Assoziation: In einem ungarischen Trauerlied ruft die allein zurückbleibende Frau ihrem verstorbenen Mann verzweifelt hinterher: *lelkem, szívem, kenyerem!* – Meine Seele, mein Herz, mein Brot! Ich verstehe das als eine Steigerung: Noch mehr als Seele oder Herz kann „mein Brot" zum Ausdruck bringen, wie elementar und lebensnotwendig der verschwundene Partner im Leben der Frau war – und wie nah sie der Verlust an den Rand eines gefühlten Hungertodes bringt. Brot ist unabdingbar. Es ist das Grundnahrungsmittel schlechthin. Und Brot für die Welt sollte eine Selbstverständlichkeit sein.

Doch nun komme ich vom Turm der hohen Gedanken wieder herunter und gehe direkt in die Backstube, um dem Bäcker zu danken. Dafür, dass er immer wieder ungeheuerlich früh aufsteht, um uns das Brot zu backen, das uns in so vielen Lebenssituationen begleitet: Beim Frühstück, wenn uns der erste Biss ins frisch geschmierte Brot (direkt nach dem ersten Schluck Kaffee) darin bestärkt, diesem Tag vielleicht doch noch eine Chance zu geben. Immer wenn wir unterwegs sind – auf Reisen, bei der Arbeit, in einer fremden Stadt, beim Picknick – reicht uns das Brot in mannigfaltiger Gestalt die Hand und hilft uns, den nächsten Schritt zu wagen. Und wenn wir zu spät abends nach Hause kommen, finden wir wenigstens noch das „Knäppchen" vom Brotlaib, auf dem wir herumkauen können.

Worum geht es beim Brot? – Zum einen um die Vielfalt. Und da können wir in Deutschland ja mit einer gewissen Genugtuung in die Regale der Bäckereien und Lebensmittelgeschäfte schauen. Zwischen dem weißen-weichen Einback und dem schwarzen-schweren Pumpernickel tut sich ein Universum auf, das über zahlreiche Dimensionen verfügt. Brot in unterschiedlichen Größen, in unterschiedlichen Farben, mit unterschiedlichen Zutaten und Zusammensetzungen, mit unterschiedlicher Konsistenz und Beschaffenheit – und natürlich mit so vielen unterschiedlichen Geschmäckern.

Zur traditionellen Vielfalt der deutschen Backwaren, die sicher auch etwas mit unserem Hang zur Kleinstaaterei zu tun hat, gesellt sich seit nun mehr als einer Generation der biologisch-ökologische Impuls zu immer größerem Körner- und Sortenreichtum. Nicht jeder kann mit dieser manchmal etwas herben Vielfalt sofort etwas anfangen. Neulich hat jemand im ICE unbedacht den Fehler begangen, amerikanischen Rucksacktouristen ein Stück Bio-Schwarzbrot anzubieten: *Oh, my god! This is like the worst bread I have ever eaten! It´s sour! Why is it sour?...* – Und so weiter minutenlang in voller Lautstärke bis auch der letzte im Zug mitbekommen hat, wie übel hier Bürgern der Vereinigten Staaten mitgespielt wird. Wahrscheinlich hat der arme Brotschenker jetzt ein lebenslanges Einreiseverbot am Hals. Aber warum sollte man auch in ein Land reisen, wo es keine richtigen Bäckereien gibt?

Unsere französischen Freunde haben im Bereich Backwaren ihrerseits ein paar richtige Klassiker im Angebot: Das frische Croissant, das man auf der Café-Terrasse im Morgenlicht in die große Schale Milchkaffee tunkt. Oder die wunderbare Baguette, die eigentlich

24

immer und zu allem schmeckt – sogar zum Vanillepudding, den man mangels Löffel auch mit Baguette-Stücken aus dem Plastiktöpfchen schaufeln kann. (Das ist auch so eine Kindheitserinnerung.) Aber richtige Back-Vielfalt *à l'allemande* hat sich zwischen Ärmelkanal und Mittelmeer nicht wirklich entwickelt. Ein Besuch in einer durchschnittlichen *boulangerie* zeigt: Es gibt zwar Baguettes, die etwas unterschiedlich aussehen und auch unterschiedliche Namen tragen. Das heißt aber nicht, dass sie auch unterschiedlich schmecken. Also *bon courage*, liebe Freunde: Ein Land mit tausenden von Käsesorten und Modelabels kann mehr als die *baguette à l'ancienne*. Wir haben übrigens schon mal angefangen und zwischenzeitlich das Laugencroissant erfunden; für mich ein wunderbares Beispiel, wie sinnvoll deutsch-französischer Austausch sein kann.

Das zweite große Thema beim Brot ist die Frische, vielleicht noch mehr als bei anderen Lebensmitteln. Wenig ist unwiderstehlicher als eine Scheibe frisch gebackenen Brotes. Deshalb hat meine Schwiegergroßmutter, die im Katalonien der 30er und 40er Jahre sechs Kinder ernähren musste, das frische Brot immer erst einmal drei Tage weggesperrt, andernfalls wäre es gleich ratzeputz weg gewesen. Auch meine intensivste Erinnerung an Brot hat mit Frische zu tun: Ich konnte als Kind ab und zu beim Bauern nebenan im Stall herumlümmeln oder auf dem Trecker mitfahren. Als Belohnung für unsere „Mitarbeit" bekamen wir Kinder dann vielleicht mal ein 2-Mark-Stück. Oder wir durften mit ins Bauernhaus, wo Verwandte des Bauern, die uns nicht kannten, die seltsame Frage stellten: „Wem gheersch du?" – Dann, am Tisch in der Stube, gab es einmal frisch gebackenes Brot mit frischer Butter und selbst gemachter Marmelade. Das war wie ein Geschmackstraum, aus dem man nicht aufwachen wollte.

Aber Brot wäre nicht Brot, wenn es nicht auch im unfrischen Zustand ein paar Asse im Ärmel hätte. Brotscheiben kann man toasten, Brötchen kann man aufbacken – und plötzlich bekommt man eine neue Geschmacks- und Geruchsnote zurück, die fast noch verführerischer ist, als der ursprüngliche Zustand. Und dann gibt es noch die wunderbare Auferstehung von altem Brot in der Form des „Armen Ritters": In Milch geweicht, in Ei gewälzt, in Butter gebraten und mit Zucker und Zimt bestreut erobert der „Arme Ritter" die Gaumen und Herzen des gesamten Königreichs. Ja, er darf die Prinzessin heiraten und fortan herrschen über die Hälfte des Landes, denn er hat das schon verloren geglaubte Brot zu neuer Herrlichkeit geführt.

Brötchen

„Geh rüber zu Frau Otto, Rosenbrötchen holen!" – Meine Großmutter, die diesen Satz zu mir sagte, lebt schon lange nicht mehr und auch der kleine Laden von Frau Otto ist verschwunden. Nur die Eingeweihten erkennen an dem inzwischen umgestalteten Gebäude die Spuren des ehemaligen Lebensmittelgeschäfts. Es war einer jener Läden, die es früher mitten in den Wohngebieten gab und die sich nicht mehr rentieren, weil ein gut funktionierender Supermarkt inzwischen fußballfeldgroß ausgelegt sein muss. Aber die Aufforderung, dort direkt gegenüber als kleiner Junge Rosenbrötchen holen zu gehen, klingt in mir nach wie ein Ritterschlag: Sie bedeutete, dass ich groß genug und würdig war, um für die ganze Familie Essen zu besorgen. Also überquerte ich voller Stolz die Straße und freute mich auf das bevorstehende Ferienfrühstück mit den außergewöhnlich geformten Brötchen.

In unserer Kultur sind Brötchen weit mehr als nur kleine Brote. Sie sind das Privileg des Wochenendes oder der Ferien. Das heißt: Man muss sie sich verdienen. Erst die Pflicht, dann das Brötchen. Und so wirken sie immer noch wie eine kleine Belohnung. Auch wenn man sich dank unseres gestiegenen Wohlstands heutzutage auch zwischendrin mal ein Brötchen gönnen kann.

Die uneingeschränkte Liebe des Kindes zum Brötchen wurde vorübergehend getrübt, als uns ausgerechnet die Sachkundelehrerin, die wir wegen ihres guten Aussehens für besonders kompetent hielten, folgende Geschichte erzählte: Wissenschaftler hätten im Rahmen eines Versuchs Mäuse eine Weile lang ausschließlich mit Brötchen ernährt. Doch ehe wir neidisch auf die kleinen Tiere werden konnte, kam die grausame Wendung: Die Mäuse sind alle gestorben. Wegen der einseitigen Ernährung. – Als die Sachkundelehrerin in die angsterfüllt-verwirrten Gesichter ihrer Grundschüler sah, merkte sie, dass sie etwas über das Ziel hinausgeschossen war. „Kei Angscht, Weckle schmecke fein..." versuchte sie zu beschwichtigen. Doch der Treffer saß und ich hatte ein sehr mulmiges Gefühl beim Gedanken, Brötchen zu essen. Aber zum Glück nur bis zum nächsten Sonntagsfrühstück.

Brötchen spielen auch in meiner Erinnerung an den Kalten Krieg und die Teilung Deutschland eine Rolle. Warum das? Im Jahre 1985 besuchte meine Familie die Verwandten in der DDR. Bei der Grenzkontrolle bekam ich Nasenbluten und meine Mutter vergaß, dass sie im Auto auf einer Ausgabe des „Spiegel" saß, was großen Ärger wegen des Einschmuggelns ausländischer Propaganda hätte geben können. Als wir dann in dem kleinen Dorf im Ostharz ankamen, gingen wir bald im Konsum einkaufen. Ich staunte nicht schlecht, als ich den Brötchenpreis sah: 5 Pfennig! Bei uns zu Hause kostete ein Wasserweckle 25 Pfennig. Man konnte also in der

DDR fünf Brötchen für den Preis von einem im Westen bekommen. Das schien mir eine sehr relevante Information im Wettbewerb der Systeme zu sein und die absolute Gewissheit, auf der besseren Seite zu leben, geriet kurzfristig ins Wanken.

Ein paar Jahre später brachten mich Brötchen noch einmal ganz nah an die DDR heran. In der 11. Klasse stand die Klassenfahrt nach Berlin an, die für die Schüler im Westen Pflichtprogramm wahr, um sicherzustellen, dass auch bei der jungen Generation die Wunde der deutschen Teilung nicht zu schnell verheilte. Es gab dann einen Brauch, dass die Berlin-Fahrer in den Großen Pausen belegte Brötchen verkaufen durften, um mit dem Erlös einen Teil der anfallenden Kosten aufbringen zu können. Das Schönste daran: Die laut Plan eingeteilten Brötchenschmierer durften sich ab der Hälfte der 3. Stunde mental aus dem Unterricht verabschieden und an einem Tisch in der Ecke des Klassenzimmers Brötchen schmieren: Brötchen aufschneiden und dabei möglichst viele Krümel produzieren, Butter drauf, Käse oder Schinken, ein Salatblatt und – kleingeschnittene Saure Gurken. Der Verkauf lief so gut, dass wir problemlos bis nach West-Berlin kamen. Das war im Oktober 1989. Eigentlich war ein Tagesausflug nach Ostberlin, Hauptstadt der DDR, samt Diskussionsveranstaltung mit FDJ-Funktionären geplant. Aber mein Vater rief vorher im Hostel an und bedeutete mir mit der ernstesten Stimme, die ich je von ihm gehört habe: „Egal was passiert, du gehst nicht nach Ostberlin!" – Es war die Zeit der ersten Massendemonstrationen in der DDR und alle fürchteten eine „chinesische Wendung". Der Rest der Klasse mit weniger verantwortungsbewussten Eltern versuchte es trotzdem, kam aber nicht über den Grenzübergang Friedrichstraße hinaus. Die Machthaber in Ostberlin hatten andere Sorgen, als halbstarke Brötchenverkäufer zu empfangen. Auch wenn sie uns vielleicht mit den Brötchenpreisen in der DDR durchaus hätten beeindrucken können.

P.S.: „Ich hätt gerne insgesamt acht Weckle, zwei normale, zwei Laugen, ein Mohn, ein Sesam, ein Kürbiskern und eine Fünfkornquarkstange."

Butterbretzel

Fluch und Segen liegen in Geschmacksdingen oft sehr nah beinander. Ein gutes Beispiel hierfür ist die Butterbretzel. Sie kann einerseits ein kaum zu übertreffender Segen sein, wenn man ausgehungert durch eine Stadt tigert und endlich in einer Bäckerei eine frische und gut bestrichene Butterbretzel bekommt. Dann ist plötzlich wieder alles in Ordnung – der Tag, die Stadt, das Leben – und das alles nur wegen eines seltsam geschwungenen Laugengebäcks mit Butterstücken.

Andererseits lastet die Butterbretzel als Fluch auf den Beamten in den Stuttgarter Landesministerien: Sie bekommen bei größeren Sitzungen und Tagungen (mit externen Gästen, sonst gibt's eh nix) jedes Mal staubtrockene Bretzeln gereicht, die wirklich so trocken sind, dass die Butter darauf nur ironisch gemeint sein kann. Dazu gibt es schwachen Filterkaffee aus Thermoskannen. – Wie lässt sich so viel Missgunst und Herablassung erklären? Ist es nur die übliche schwäbische Sparsamkeit? Oder existiert vielleicht ein geheimes *ius primae bretzel*, das den Genuss der frischen Bretzeln nur den Ministern und ihren engsten Beratern vorbehält? Fehlt mir vielleicht nur ein spezifisches Schwaben-Gen, mit dem die Einheimischen verborgene Kräfte aus den trockenen Bretzeln ziehen, die ihnen wiederum helfen tolle Autos zu bauen oder andere Landesteile zu unterwerfen? – Man merkt schon: Meine

Beziehung zur Butterbretzel hat sehr gelitten. Es wird eine Zeit (ohne Sitzungen) brauchen, bis ich mich ihr wieder öffnen kann. Aber ich freue mich drauf.

Buffet & Menu

Das Buffet und das Menu sind wie Ying und Yang: zwei zunächst ganz gegensätzliche Prinzipien der Darbietung von Speisen – die trotzdem voneinander durchdrungen sind und nur gemeinsam das ganze Spektrum von Essensanlässen abbilden. Das Buffet setzt auf Simultanität: mehrere oder gar alle Speisen stehen gleichzeitig zur Verfügung. Das Menu hingegen geht sequentiell vor: Die einzelnen Speisen folgen aufeinander in einer vorher festgelegten Reihenfolge. Entsprechend versucht das Buffet durch die Wahlfreiheit zu verlocken: Der Gast kann seinen Blick über das Speiseangebot schweifen lassen und dann eine individuelle Auswahl treffen. – Das Menu gibt ein anderes Versprechen: Gerade die wohlüberlegte Vorauswahl des Kochs garantiert hier höchsten Genuss. Schließlich bietet das Buffet einen gewissen sportlichen Reiz: Es wird „eröffnet" wie die Olympischen Spiele und weckt bei vielen Gästen einen überraschenden Kampfgeist. Das Menu setzt dagegen auf die Gemeinschaft der gleichzeitig und gleichberechtigt Essenden. Und doch – Ying und Yang! – beinhalten die meisten Buffets ein verstecktes Menu, in dem Sinne, dass man sich zuerst hier, dann dort und dann dort drüben bedient. Und die meisten Menus bieten bei einem oder mehreren Gängen eine kleine Auswahl.

Ich stelle in der deutschen Gastronomie ein gewisses Manko an guten Menus fest. Ein Menu auf der Speisekarte ist die Ausnahme, nicht die Regel. Ganz anders in Frankreich: Hier gibt es gerade in ländlichen Gegenden häufig nur das Menu oder den *plat du jour*. Ich erinnere mich an ein Mittagessen in einem Dorfrestaurant in der Nähe von Lyon, wo es nicht nur keine Speisekarte, sondern überhaupt nichts zur Speiseauswahl zu besprechen gab. Man kam, setzte sich hin und wurde wie jeder mit demselben phantastischen Vier-Gänge-Menu inklusive Rotwein und Kaffee bedient (frische Ravioli mit Pilzfüllung als *entrée*, Sauerfleisch mit Bohnen und Kartoffeln, Käseplatte, *tarte aux myrtilles*). Die Möglichkeit, dass man vielleicht etwas anderes wollte, oder nicht alles, oder keinen Wein, wurde überhaupt nicht in Betracht gezogen. Hier galt noch das stille Einvernehmen, dass man am Mittag anständig isst und ansonsten den Wirtsleuten vertraut. Das Menu als Lebensstil.

Eine wirklich gelungene Verschmelzung von Buffet und Menu habe ich nur einmal erlebt, in Georgien. Das georgische Festmahl – wenn ich es richtig verstehe – beginnt als Menu und wird dann zum Buffet. Das geht so: Wenn alle an der Tafel Platz genommen haben und auch schon ein Getränk gereicht wurde; dann werden zunächst zwei-drei eher unscheinbare Teller aufgetischt – offensichtlich die Vorspeisen. Alle fangen an, sich zu bedienen und ein paar Minuten später kommen wieder zwei-drei neue Teller dazu. Der westeuropäische Gast fragt sich unweigerlich, ob das jetzt noch zur Vorspeise gehört, oder schon Teil des Hauptgerichts ist. Wenn dann nur etwas später wieder neue Speisen hinzukommen, wird klar, dass man hier mit unseren herkömmlichen Kategorien nicht weiterkommt. Zumal die früheren Teller nicht abgeräumt werden (oder nur, wenn sie vollkommen leer sind). Auf diese Weise wird einerseits ein Menu gereicht, das aus einer unzählbaren Abfolge von Gängen aufgebaut ist, und andererseits entsteht gleichzeitig ein Buffet, das erst komplett ist, wenn sich die Tische biegen und sich die Teller übereinander stapeln. Fehlt nur die Feststellung, dass dieses geniale Ineinanderfließen von Menu und Buffet aus Speisen besteht, die an Frische, Farben und Fantasie ihresgleichen suchen.

Nicht ganz so spektakulär, aber mit hohem Nostalgiewert für mich ist eine weitere Variante: In meinem Elternhaus hat sich, als mein Bruder und ich Jugendliche waren, die Praxis und der Begriff des „Cool Menu" herausgebildet. Das Wort „cool" hatte dabei eine doppelte und leicht paradoxe Bedeutung, da es sowohl ein große Nähe als auch eine Abgrenzung zum klassischen deutschen Abendbrot zum Ausdruck brachte. Das „Cool Menu" war „cool", weil es überwiegend aus kalten Speisen bestand – wie ein Abendbrot –, aber es war auch gleichzeitig viel „cooler" als ein Abendbrot, da sich zum Brotkorb und zur Aufschnittplatte noch weitere Käsesorten, Salate, Antipasti, Soßen und sonst Leckeres hinzugesellten. Kurioserweise war dieses „Cool Menu" eigentlich ein Buffet – aber das klingt halt nicht so cool.

Caffee

Falsch geschrieben? – Na, dann hören Sie sich das mal an:

C-A-F-F-E-E, trink nicht so viel Caffee!
Nicht für Kinder ist der Türkentrank.
Schwächt die Nerven, macht Dich blass und krank.
Sei doch kein Muselmann, der das nicht lassen kann.

Für diejenigen, die die Melodie nicht sofort aus der Erinnerung mitsummen können, sei erklärt: Die einzeln gesprochenen Buchstaben am Anfang werden in einer absteigenden Reihe genau in den Tönen gesungen, die diesen Buchstaben entsprechen: C-A-F-F-E-E. Und das Ganze ist ein Kanon, den man uns damals im Musikunterricht beigebracht hat. Reizend, welche harmonische Verbindung hier Musikpädagogik, Ernährungstipps und Fremdenfeindlichkeit eingehen, nicht wahr?

Aber folgen wir dem kulturhistorischen Hinweis, der hier gegeben wird: Kaffee ist als „Türkentrank" zu uns gekommen. Gott sei Dank! – ist man versucht zu rufen. Was wären wir heute ohne diese großartige osmanische Hinterlassenschaft? In Ungarn, wo die türkische Besatzung noch immer tief im kollektiven Gedächtnis schlummert, ist man sich dessen durchaus bewusst. Die bedrängten Ungarn nannten das seltsame Getränk damals „schwarze Suppe" (*fekete leves*) und noch immer sagt man dort, wenn Unheil droht als Redensart: Und jetzt kommt die schwarze Suppe! Diese Negativerinnerung hinderte die Ungarn bis vor kurzem allerdings nicht daran, dem Besucher aus dem Westen einen ausgesprochen türkischen Kaffee vorzusetzen und sich dann grinsend an den Grimassen zu freuen, die die tiefschwarze Suppe auf die Gesichter zauberte.

Allerdings scheinen die Türken ihre Kaffeetradition (zumindest hierzulande) etwas zu vernachlässigen. Die Muselmänner, die ich so sehe, trinken alle Tee – aus elegant-bauchigen Gläsern, die durch irgendeinen Trick das Vierfache ihres Volumens an Zucker aufnehmen können. Manchmal ist in der hiesigen türkischen Gastronomie überhaupt kein richtiger Kaffee zu bekommen.

Die Lufthoheit im Kaffeewesen haben im Laufe der Geschichte die Italiener übernommen (und wahrscheinlich hatten die handelstüchtigen Venezianer dabei ihre Hände im Spiel). Sie haben die schwarze

Suppe perfektioniert, raffinierte Geräte zur Kaffeezubereitung mit Wasserdampf erfunden und Milch in allen Mischungsverhältnissen und Aggregatzuständen dazugegeben. Inzwischen können auch die meisten Deutschen ein knappes Dutzend italienischer Kaffeespezialitäten auseinander halten und (oft) korrekt den Plural dazu bilden. Dabei ist es nicht so lange her, dass Kaffeevielfalt in Deutschland aus der Wahl zwischen Tasse oder Kännchen bestand. Leider schießen die Übereifrigen bei uns mal wieder übers Ziel hinaus und formulieren dank ihres vermeintlichen Expertenwissens blödsinnige Regeln („Nach 11 Uhr vormittags darf man keine Cappucini bestellen!"). Mit solchen Leuten geht man lieber erst gar nicht Kaffee trinken; genauso wie man damals die spießigen Cafés gemieden hat, die auf der Terrasse nur Kännchen verkauften.

Erstaunlicherweise spielen seit einer Weile auch die Amerikaner ordentlich im Kaffeegeschäft mit, dank der geschickten Vermarktung einer Systemgastronomie, die ziemlich starken Kaffee mit ziemlich süßem Kuchen und ziemlich tiefen Sesseln verbindet. Erstaunlicherweise deshalb, weil das, was noch vor der Jahrtausendwende in den USA als Kaffee verkauft wurde, in Europa für das Ergebnis eines technischen Defekts der Kaffeemaschine gehalten worden wäre. Aber wenn es um Geschäftsideen geht, ist man in den Vereinigten Staaten lernwillig und experimentierfreudig. Und so lassen junge Erwachsene auch hierzulande immer größere Anteile ihres verfügbaren Monatseinkommens bei Starbucks & Co., nippen an riesigen Bechern, auf denen ihr Vorname steht, und träumen von einem trendig-urbanen Leben als Start-Up-Unternehmer oder Romanautor.

Was macht nun einen guten Kaffee aus? – Ich überlasse die technischen Details der Antwort dem Barista Ihres Vertrauens. Mir geht es (wieder einmal) um äußere

Bedingungen: Die Qualität eines Kaffees hängt vor allem von der Zeit ab, die seit dem letzten Kaffee vergangen ist. So einfach ist das. Wenn man Ihnen den ganzen Tag lang einen Premium-Espresso nach dem anderen aufdrängt, dann ist spätestens nach dem dritten der Reiz des besonderen Aromas verflogen und nach dem fünften ist man nur noch genervt. Wenn man aber als jemand, der regelmäßigen Kaffeekonsum gewöhnt ist, eine geschlagene Woche bei einer Austauschfamilie in Russland verbringt, wo es keinen Kaffee gibt, dann wird auch der simpelste Automatenkaffee zur Verheißung. Man kann das natürlich auch steuern: Ab und zu einen Kaffee auslassen und dafür den übernächsten umso mehr genießen!

Von der Liebe zum Kaffee zweigt ein Weg ab, der direkt vom Kaffee zur Liebe führt. Wenn zwei Menschen zusammen Kaffee trinken, dann umgibt sie eine Aura aus Wachheit, Genuss, Exotik und Entspannung, die fast zwangsläufig wechselseitige Zuneigung entstehen lässt. Kaffee ist ein Art Brandbeschleuniger zwischenmenschlicher Gefühle, aber ein weitaus zivilisierterer als Alkohol und ein weitaus effizienterer als Tee. (Oder kennen Sie eine Romanze, die beim Hagebuttentee entstand?) Auch ich könnte die Geschichte der Liebe meines Lebens nicht schreiben, ohne die vielen gemeinsamen Kaffeestunden zu erwähnen – vom Plastikbecher-Automatenkaffee im Keller des Schulzentrums bis zur Kombi-Filter-Espresso-Maschine auf dem Hochzeitstisch. Wenn Ihnen also demnächst jemand scheinbar harmlos vorschlägt, einen Kaffee zusammen zu trinken – sagen Sie nachher nicht, Sie waren nicht gewarnt!

Couscous & Merguez

Die Generation meiner Eltern hat großes geleistet. Sie haben die Fenster dieses Landes aufgestoßen und den anderen Völkern in Europa und der Welt die Hand gereicht. Ihre eigenen Eltern – meine Großeltern – waren dazu noch nicht in der Lage. Diese Öffnung folgte keinem bestimmtem Konzept oder Plan. Sie war getragen von einer Mischung aus Neugier und einem neuen Selbstverständnis, welches auf Austausch statt Arroganz und auf Dialog statt Dominanz setzte. Bei meinem Vater kam der entscheidende Impuls – ausgerechnet – von einem nach Kriegsende bei seiner Familie einquartierten englischen Offizier, der ihm das Interesse an der englischen Sprache und an der westlichen Kultur vermittelte. Meine Mutter war früh zum französischen Sprachraum hin orientiert und arbeitete als Abiturientin in der Jugendherberge von Namur in Belgien. Wobei sie „in Namur" mit solch einer Selbstverständlichkeit aussprach, das ich noch lange glaube, sie habe „in der Mühr" gesagt und mich fragte, wo diese seltsame Gegend – die Mühr – wohl liegen mochte.

Es gibt eine Vielzahl von Belegen, wie sich diese internationale Orientierung meiner Elterngeneration im Speiseplan niedergeschlagen hat. Das Beispiel, das ich hier stellvertretend für andere erwähnen möchte, beginnt so: Auf einem Jugendtreffen hat meine Mutter Teilnehmer aus Algerien kennengelernt und sich so mit ihnen angefreundet, das sie als Studentin einmal mit ihrer noch jüngeren Schwester nach Algerien gereist ist. Es mag Zufall sein, aber ich kenne in meiner eigenen Generation niemanden, der jemals in Algerien gewesen wäre. Aus dieser Erfahrung hat sie auch die Kenntnis von Couscous und Merguez mitgebracht. Aber wahrscheinlich wären das orientalische Weizengericht und die pikanten Würste nicht in unserem Alltag angekommen, wenn wir nicht nah genug an Frankreich gewohnt hätten, um gelegentlich bei „Cora" Dinge einzukaufen, die es in Deutschland noch nicht gab.

Couscous bringen willkommene Abwechslung in unsere üblichen Speisefolgen, die allzu oft auf Kartoffeln, Nudeln oder Reis basieren. Außerdem sind sie so wunderbar einfach zuzubereiten: heißes Wasser dazu, etwas Salz und Butter – und fertig. Dieser Umstand macht Couscous gerade in Studenten-WGs oder Single-Haushalten zum beliebten Basisprodukt, das man mit allem möglichen kombinieren kann. Die Königsdisziplin ist aber – wie der Name schon sagt – das *Couscous royal*. Hier entsteht eine Art vierstimmiger Akkord, dessen Tonhöhen unterschiedlichen Intensitäten der Schärfe und Würzung entsprechen: Als Grundton wirken die milden und nur leicht gesalzenen Couscous, die dem ganzen eine Basis geben. Darüber erklingt das schon etwas stärker gewürzte Hühnchenfleisch, das aber immer noch einen sanften und weichen Geschmack vermittelt. Als nächstes kommt die charaktervolle Soße mit den Gemüsestücken, die schon deutlich anregender wirkt. Den Höhepunkt stellen aber die ebenso scharfen wie mächtigen Merguez dar. Man versteht, dass ein solcher Vierklang des Geschmacks durchaus das Adjektiv „königlich" verdient.

Die geschmacklichen Entdeckungen meiner Eltern sind in meiner eigenen Generation erweitert, vertieft, aber zum Teil auch wiederholt worden. So taucht der Geruch von Merguez, die auf einem Grill brutzeln und fauchen, in meiner Erinnerung an eine Art Wiederentdeckung Frankreichs auf, wie ich sie in der 9. Klasse erlebt habe. Ich war zuvor schon öfter in Frankreich gewesen; sowohl im grenznahen Elsass als auch am schönen Mittelmeer. Aber irgendwie hatte die Beziehung zu unserem Nachbarland noch nicht richtig an Intensität und Tiefe gewonnen. So begann ich in der 7. Klasse eher lustlos französisch zu lernen; das Schulfach rangierte in meiner

Beliebtheitsskala irgendwo zwischen Chemie und Bildender Kunst. Bis dann endlich – man kann nicht oft genug darauf hinweisen – der so immens wichtige Schulaustausch auf dem Programm stand. Ja, wir freuten uns auf die bevorstehende Woche im südfranzösischen Nîmes, aber wir ahnten, als wir im Zug an Montbéliard, Bourg-en-Bresse und Valence vorbeituckerten, nicht wirklich, was uns dort erwartet. Unser Aufenthalt fiel genau in die Zeit der „Féria", jener Festwoche, in der die ganze Stadt genauso entfesselt ist, wie die Stiere, die durch die römische Arena jagen. Aus jedem Gesicht – jung wie alt – strahlt der Wille zur Extase hervor, jeder Platz wird in einen Freiluft-Partykeller verwandelt und durch die engen Gassen wabert der Geruch von Sangria und von zahllosen Merguez-Würstchen, die mit ihrer kompromisslosen Würzung genau jene Stimmung verkörpern, die sich auf mich und meine staunende Mitschüler übertrug. Es fällt nicht schwer zu verstehen, dass vor solch einer Kulisse Begegnungen und Erlebnisse entstehen, die sich ein Leben lang einprägen und die Frage nach dem Sinn französischer Sprachkenntnisse ein für alle Mal beantworten.

Döner Kebab

3 Mark 80. Soviel kostete der erste Döner in Freiburg, den es Mitte der 80er-Jahre in einem Imbissstand gegenüber vom Siegesdenkmal gab. Man hatte schon davon gehört. Leute waren in Berlin gewesen und hatten von dem hammerleckeren Türkensnack berichtet. Nun also auch Freiburg! Alltagssoziologisch betrachtet war der Anschluss Freiburgs an die deutschlandweite Dönerversorgung wahrscheinlich ebenso wichtig wie die erste ICE-Verbindung nach Norden.

Die Jugendlichen von heute – man könnte sie auch als *yufka natives* bezeichnen – können nicht ermessen, was für ein Erlebnis die ersten Döner waren und wie sehr sie sich von allem unterschieden, was wir bis dahin kannten. Schon allein das Fladenbrot! Kurz aufgewärmt kommt es warm und duftend in unsere Hände. Es schmeckt gleichzeitig weich und knusprig. Und erst im Kauen entfaltet es seine einzigartig mildwürzige Geschmacksnote.

Heute gibt es in Deutschland wahrscheinlich mehr Dönerspieße als Straßenlaternen, aber für uns war der erste Dönerspieß ein verblüffender Anblick: Was für eine seltsame Art, das Fleisch übereinandergeschichtet zu einem großen Kegel zu formen! Welche Eleganz, mit der dieser Kegel sich langsam und gleichmäßig drehte – wie der Tanz eines Derwischs in Zeitlupe! Was für eine Theatralik, mit der das Fleisch unweigerlich an dem Triptichon von glühenden Grillplatten vorbeikreist und auf diese Weise langsam gart!

Zum Fladenbrot und dem direkt vom Spieß abgeschnittenen Fleisch gesellt sich dann noch eine variierbare Auswahl aus Salat, Kraut, Tomaten, Zwiebeln und anderen Zutaten. Abgerundet durch die Knoblauchsoße ergibt sich eine Geschmackskomposition, die zu einem unaufhaltbaren Siegeszug durch Deutschland und (mit Abstufungen) Europa aufbrach. Und das zu Recht! Ein guter Döner ist viel mehr als ein Imbiss. Er ist ein voll gültiges Gericht mit einer ausgewogenen Mischung an Zutaten und Geschmacksnoten, idealerweise begleitet durch einen Ayran, der die Schärfe und Würze des Döners mit Kühle und Milde ausbalanciert.

Außerdem haben die Dönerrestaurants im Land ein zusätzliches Element in unsere Straßenbilder und eine neue Atmosphäre in unsere Gastronomie gebracht – mit ihrer deutlich bunteren Aufmachung, mit den gleichfarbigen T-Shirts der zahlreichen Angestellten, mit der etwas zusammengewürfelten Einrichtung und den riesigen Bildern vom Bosporus an den Wänden. Eine Art vertraute Fremdheit, eine heimische Exotik, eine Bereicherung!

Nur zwei Dinge sind noch zu bedauern. Zunächst die Tatsache, dass die deutsche Mehrheitsbevölkerung vor lauter Döner gar nicht dazu kommt, die vielen anderen wunderbaren Gerichte zu probieren, die die türkische Küche uns bietet. Wie viele Leute, die man spontan in der Fußgängerzone fragen würde, wüssten, was Lahmacun oder Köfte sind? Wann haben Sie zuletzt Pide oder Börek gegessen? Haben Sie schon einmal Baklava als Nachtisch probiert? Wenn man sich eine Weile in Hörweite zur Theke aufhält, stellt man fest, dass im Schnitt 17 Döner bestellt werden, bevor etwas anderes von der gelb-grün leuchtenden Speisekarte zum Zuge kommt. Aber es ist ja auch eine schöne Aussicht, dass es beim Dönerladen um die Ecke noch so viel zu entdecken gibt.

Und dann ist da noch die Sache mit den Schneidegeräten. Früher griffen die Döner-Matadore zu einer Art geradem Säbel und schnitten mit einer zutiefst männlichen Geste die brutzelnden Fleischteile ab. Heute – es ist zum Heulen! – haben sich überdimensionierte Haarschneidemaschinen durchgesetzt, mit denen die Angestellten die Dönerspieße regelrecht rasieren und gar nicht merken, wie lächerlich sie sich dabei machen. Leider verbietet die interkulturelle Höflichkeit den gebotenen Protest und man kann sich nur damit ablenken, in dem man versucht, die türkischen Provinzen auf der Landkarte an der Wand auswendig zu lernen. Zum Glück vertreibt der Döner in der Hand doch rasch den Groll aus dem Herzen und es bleibt das immer wieder überzeugende west-östliche Genusserlebnis.

P.S.: Der Döner ist wahrscheinlich eines der wenigen Gerichte, die sogar zur Weiterentwicklung der deutschen Sprache beigetragen haben. Sie ist deutlich flexibler geworden. Früher durfte man Präpositionen wie „mit" oder „ohne" nur vor ein Substantiv stellen, das auch noch in einem bestimmten Fall dekliniert werden musste. Heute kann man seinen Döner getrost „mit alles" und „ohne scharf" bestellen.

Eis

Bei meinen Eltern gibt es oft Eis zum Nachtisch. Mein Vater hat sowieso eine Schwäche dafür und alle schätzen den Umstand, dass man das Eis ohne große Vorbereitung nur aus der Tiefkühltruhe im Keller holen muss. Wenn dann die Anwesenden sich ein-zwei Mal aus den Eisbehältern bedient haben, kommt immer dieselbe Frage meiner Mutter: „Will noch jemand Eis? Sonst bringe ich es schon mal wieder runter…" – Offenbar plagt sie die Sorge, dass das Eis außerhalb des Kühlfachs jeden Moment umkippen und verderben könnte. Dieser Satz ist uns so in Fleisch und Blut übergegangen, dass wir auch in meiner eigenen Kleinfamilie immer sagen „Will noch jemand Eis? Sonst bringe ich es schon mal wieder runter…" – obwohl die Tiefkühltruhe direkt neben dem Esstisch steht.

Blicken wir ein paar Jahrzehnte zurück: Im Schlepptau der Pizzeria kam ein weiterer Gaststättentyp aus Italien nach Deutschland, der hierzulande eine kuriose Bezeichnung erhielt: die Eisdiele. Meines Wissens gibt es keinen anderen gastronomischen Verkaufsraum, den man ebenso als „Diele" bezeichnen würde. Es gibt Kaffeehäuser, Weinstuben und Saftläden – aber nur das Speiseeis verdient es, in einer „Diele" verkauft zu werden. Was bringen wir damit zum Ausdruck? Vielleicht eine besondere Nähe und Vertrautheit – ist doch die Diele sonst der Ort, durch den wir uns in den eigenen vier Wänden von Raum zu Raum begeben? Vielleicht aber auch den Umstand, dass man (wenn man auf Sitzgelegenheiten verzichtet) gerade einmal so viel Platz wie in einer Diele braucht, um das Eis aus der nach oben offenen Kühltruhe zu verkaufen.

Wer Eis isst, genießt das Leben. Ich glaube, dass sich die Menschen auf diese kollektive und unausgesprochene Deutung des Eiskonsums verständigt haben. Wir essen immer dann Eis, wenn wir es uns gut gehen lassen wollen. Der Besuch einer Eisdiele ist eine pure Luxus- und Vergnügungstat, die durch Ernährungsbedürfnisse nicht zu rechtfertigen ist. Eine Eiskreation als Dessert zeichnet ein besonders lustbetontes Menu aus. Wenn die Oma ihre Enkel ohne Umschweife verwöhnen wollte, besorgte sie jene helle Eisspezialität mit den gefrorenen Schokoladeschichten, die man wie einen Kuchen in Scheiben schneidet und auf einem Tellerchen serviert. Und natürlich krönt das Eis in der Hand den perfekten Sommertag, von denen es immer zu wenige gibt und die immer zu schnell vergehen, *like ice in the sunshine*. Ja, Eis besteht zu 80% aus Lebensfreude. Deshalb verbietet wohl auch das Pietätsgefühl der meisten Menschen, Eis auf einer Trauerfeier zu servieren. (Dort gibt es höchstens den schlichten „Beerdigungskuchen".) Wobei es vielleicht gar nicht so eine schlechte Idee wäre, den endgültigen Abschied eines Menschen als Feier seines Lebens zu begreifen und mit einer anständigen Eisbombe zu begehen.

Die Freude am Eis beginnt bei der Auswahl der Sorten. Das setzt voraus, dass man eine gewisse Mindestanzahl zu bieten hat. Mit einem „kleinen gemischten Eis", das lediglich aus Schokolade, Vanille und Erdbeere besteht, kann man heutzutage nur noch sehr nostalgische

Menschen erfreuen. Die Vielfalt an Eissorten ist dabei nicht nur eine Frage der Quantität; es muss auch unterschiedliche Arten von Sorten geben: altvertraute – wie die eben genannten, edel anmutende – wie Walnuss, Málaga oder Pistazie, schwer auszusprechende – wie Stracciatella, weich schmeckende auf Milchbasis ebenso wie fruchtige Sorbets, waghalsige Kreationen – wie Brennnesseleis – und ebenso kommerzielle Gags, wie die Eissorten, die Schokoriegel imitieren. Doch bevor jetzt die Frage kommt, ob wir auch das blaue Schlumpf-Eis mit Kaugummigeschmack haben, bringe ich den Eisbehälter lieber schon mal wieder runter in die Tiefkühltruhe.

Fast Food

Ich hätte es mir auch einfach machen können. Indem ich Fast Food gar nicht erwähne, dieses peinliche Thema, *le sujet qui fache*. Ich möchte in der Hoffnung auf Strafmilderung ein umfassendes Geständnis ablegen: Mich haben Fast-Food-Restaurants schon immer fasziniert! Einerseits wegen der Speisen mit ihrer besonderen Geschmacksrichtung, die man lang und breit schelten kann, weil sie ungesund, phantasielos und infantilisierend ist, die aber gleichzeitig auf raffinierte Art Heerscharen von Kunden an sich bindet. Das Fast-Food-Geheimnis besteht – wie mir scheint – aus sechs Versprechen: Du kriegst gleich etwas zu essen. Es wird Dir schmecken. Du wirst satt werden. Du wirst keine Überraschungen erleben. Es wird einfach sein. Du wirst Dich gut fühlen.

Andererseits und vor allem fasziniert mich aber die durchgestylte und harmonische Welt des Fast-Food-Restaurants. Es ist ein Gesamtkunstwerk. Die Speisen, die Bezeichnungen, die Einrichtung, das Design der Anzeigetafeln, die Arbeitskleidung der Angestellten, die Werbung und die Sprüche auf den Papierunterlagen – es passt einfach alles zusammen, es ist cool und es gefällt! Kein Wunder, dass ich seit meiner Kindheit an dem perfekten Konzept für eine neue Fast-Food-Kette bastle, die auf der Basis eines bestimmten Produkts oder einer bestimmten regionalen Küche Furore machen wird. Ich habe zu diesem Thema sogar einen Forschungsaufenthalt absolviert: Als 13-jähriger war ich ein Vierteljahr in den USA und habe ein halbes Dutzend Fast-Food-Ketten genau unter die Lupe genommen – zu Zeiten, als es in Deutschland kaum mehr als einen McDonalds pro Regierungsbezirk gab. Leider kann ich hier keine Details meiner Pläne preisgeben, da ich sonst den durchschlagenden Erfolg und mein Ziel gefährden würde, als Multi-Milliardär in den Ruhestand einzutreten.

Jetzt kommt ein wahrscheinlich nicht ganz politisch korrekter Gedanke: Fast-Food-Restaurants scheinen mir in Deutschland auch einen enormen Beitrag zur Integration in den Arbeitsmarkt zu leisten. Die Mitarbeiterinnen und Mitarbeiter in der Fast-Food-Branche kommen aus so vielen unterschiedlichen Ländern, dass selbst die UNO neidisch würde. Als ich neulich ein Burger-King-Restaurant betrat, dachte ich einen Moment lang, dass ich durch eine Raum-Zeit-Spalte gefallen sei: Hinter der Theke sah ich nur indisch aussehende Menschen, die sich lautstark auf Bengali (oder war es Tamil?) unterhielten. Dass meine zaghaft vorgebrachte Bestellung auf Deutsch verstanden wurde, bestätigte mir (neben einem kurzen Blick auf die Straße), dass ich immer noch in Stuttgart war.

Keine Sorge: Ich weiß, dass das Sündenregister der Fast-Food-Industrie lang ist und alle Vorwürfe seit Günter Walraff sind mir durchaus bekannt. Ich habe selbst in meiner vegetarischen Zeit massiv gegen Fast Food gewettert – und war dabei so aufrichtig wie ein mittelalterlicher Mönch, der Frauen verteufelt. Aber wie dem auch sein: Fast Food wird nicht wieder weg gehen. Es ist Teil unserer globalen Realität und es erfüllt – *for better or worse* – eine Reihe von sozialen Funktionen. Es lohnt sich daher nicht Fast Food zu bekämpfen. Man muss es besser machen. Und weil ich selbst hierzu – wie angedeutet – ein paar hervorragende Ideen habe, wird man verstehen, dass ich ab und zu bei der Konkurrenz vorbeischauen muss, um mich auf dem Laufenden zu halten.

Fisch & Meeresfrüchte

Das Meer ist meine kulinarische Problemzone. Ich liebe es. Ich schaue gerne drauf und ich bade gerne drin (in Ufernähe). Aber wenn es daran geht, Lebewesen aus dem Meer zu essen, empfinde ich immer eine gewisse Beklemmung. Irgendetwas sagt mir, dass ich diese glitschigen und seltsam geformten Kreaturen nicht zu mir nehmen sollte. Wahrscheinlich trage ich eine genetische Erinnerung in mir; weitergegeben über Dutzende von Generationen aus einer Zeit, als mein halber Stamm von einer Fischseuche dahingerafft wurde… Dass man als Kind dann auch noch Horrorstories hört von Leuten, die an Fischgräten ersticken, hat nicht wirklich geholfen.

Ich komme daher zu dem Schluss, dass ich mich als Berichterstatter über Fisch und Meeresfrüchte selbst disqualifizieren muss. Ich kann hierzu nichts Vernünftiges zu Papier bringen und werde daher diesen Absatz beenden. – Wer unbedingt mehr zu dem Thema wissen möchte, kann sich gerne an meine Frau wenden, die darüber Auskunft geben kann. Sie ist – Entschuldigung! – eine Art Meeresraubtier, das an Land lebt. Ihr Appetit auf Tiere aus dem Meer ist ungebändigt und wenn sie schnorchelt, läuft ihr das Wasser im Mund zusammen angesichts all der Leckereien, die vor ihr her schaukeln. Leider kann sie diese Passion wegen unserer Gemeinschaft von Tisch und Kühlschrank nicht wirklich ausleben. Es tut mir auch leid, dass ich immer blöd gucke, wenn es bei ihren Eltern aus einem besonderen Anlass Paella gibt. Alle jubeln über das spanisch-maritime Kultgericht, nur ich ziehe einen Lätsch.

Doch trotz der schier unüberbrückbaren Gegensätze zwischen unseren Positionen haben meine Frau und ich es dank der Vermittlung aus einem fernen Land geschafft, einen gemeinsamen Nenner zu finden: Sushi! – Danke, Nippon, für diese unendlich elegante Erfindung! Schon allein optisch wirkt Sushi auf Fischskeptiker wie mich absolut entwaffnend. Wer könnte Argwohn hegen gegen diese ansehnlichen und adrett aufgereihten Häppchen? Schon geht die Sushi-Zeremonie los und man ist so beschäftigt, dass man überhaupt nicht mehr darüber nachdenkt, welche Tiere man gerade isst: Erst muss man das Sushi zwischen den Stäbchen (so viel Anspruch haben wir dann doch) in einen sicheren Halt bekommen, damit es nicht plötzlich herunter plumpst. Dann tunkt man vorsichtig die eine Seite in die bereitstehende Schale mit Sojasoße, wobei man kurz innehalten muss, damit die Soße auch in den Reis einziehen kann. Anschließend wird das Sushi gekonnt gedreht und mit gebotener Zurückhaltung an das Wasabi herangehalten. Daraufhin steckt man das Sushi in den Mund, kaut, genießt und greift mit einer ununterbrochenen Handbewegung bereits zum Ingwer-Blättchen, das man schließlich, wenn alle Bestandteile des Sushis geschmacklich gewürdigt und heruntergeschluckt wurden, zum Abschluss zu Munde führt.

Auch nach langer Übung passiert es allerdings bei etwa jedem dritten Sushi, dass man bei der Wasabi-Dosierung hoffnungslos übersteuert. „Ach, ist ja gar nicht so schlimm…" – denkt man dann im ersten Moment, bis die volle Wucht des japanischen Meerrettichs einem mit gnadenloser Schärfe in die Nase schießt. Man verliert dann vorübergehend die Kontrolle über Gesichtsmuskeln sowie Stimmbänder und läuft als jaulende Fratze um den Tisch herum. Wenn einen der Wasabi-Dämon langsam wieder los lässt, schaut man erleichtert aus tränenden Augen in die Runde, lächelt – und schnappt sich schnell das nächste Sushi, bevor alle weg sind.

Natürlich ist Sushi nicht die einzige Form von Fisch, die ich zu mir nehme und ja, ich habe eingangs maßlos übertrieben. Daher will ich nun doch noch die beiden Lieblingsfische der Europäer (ich glaube, das kann man so sagen) loben: den Thunfisch und den Lachs.

Wir sind uns einig: Kein Vorratsschrank ist so klein, als dass darin die Dose Thunfisch fehlen dürfte. Kleine Dose, große Wirkung: Man kann dadurch die Nudeln mit Tomatensoße in ein raffiniertes Gericht verwandeln. Und im Zusammenspiel mit Mais und Kidneybohnen bekommt man im Handumdrehen einen beliebten Partysalat hin. Die *pizza al tonno*, am besten mit frischen Zwiebeln, ist eine der einfachsten und besten Kreationen der italienischen Küche. Und in einer *salade niçoise* läuft der Thunfisch zu Hochform auf. Er entführt uns in Gedanken direkt ans Mittelmeer, wo wir über die schaukelnden Boote des kleinen Fischerhafens hinweg direkt in die Abendsonne blinzeln.

Kommen wir zum Lachs. Er hat einen so adeligen Geschmack, dass man ihn eigentlich „von Lachs" nennen müsste. Auf jedem Empfang sind die Lachschnittchen als erstes aufgegessen. Und wenn wir noch ein Lachbrötchen ergattern können oder uns zum Sonntagsbrunch ein paar Scheiben Räucherlachs gönnen, fühlen wir uns selbst für kurze Zeit in einen genießerischen Adelsstand erhoben. Der Lachs und wir sind dann gleichermaßen Vertreter einer höheren Klasse, mit distinguierten Gefühlen und Bedürfnissen. Ja, wir fühlen uns dem Lachs verbunden, jenem Romantiker unter den Fischen, der am Ende eines ereignisreichen Lebens dem Meer den Rücken kehrt und mühsam die Flüsse hinauf schwimmt um im Angesicht seiner Geburtsstätte seinen Lebenskreis heroisch zu beschließen.

Ich kann dieses schwierige Kapitel nicht ohne ein weiteres Geständnis beenden: Ich bin bereit, alles aus dem Meer zu essen, solange es Pommes dazu gibt. Wahrscheinlich ist das auch der Grund, warum *moules frites* erfunden wurden: Man war die maulenden Schnaiger leid, die keine Muscheln essen wollten, und hat sie mit einer gehörigen Portion Pommes bestochen. Bei den britischen *fish & chips* bin ich mir allerdings nicht so sicher: der helle Fisch im Teigmantel schmeckt so gefällig, dass niemand bestochen werden muss. Die Pommes hat man einfach so dazu gegeben, vielleicht als Ausgleich für schlechtes Wetter. Dass man das Ganze mit Salz und Essig würzt, wirkt zunächst auch etwas aus der Not geboren; Olivenöl wird im England früherer Zeiten nicht leicht zu bekommen gewesen sein. Aber dafür haben wir jetzt eine einmalige Geschmacksnote, *salt & vinegar*, die es inzwischen auch in Chipstüten über den Ärmelkanal zu uns schafft.

So, jetzt habe ich diesen Abschnitt doch abgeschlossen und meiner Frau ein paar Brücken gebaut, um zu verhindern, dass sie sich irgendwann frustriert dem „Mann aus dem Meer" aus der Fernsehserie anschließt. Ich bin bereit. Vorausgesetzt es gibt keine Paella.

Fondue

« À Genêve, c´est pas ça qui manque… » – Daran mangelt es in Genf nun wirklich nicht, erklärt mir der junge Mann an der Rezeption auf meine Frage, wo man denn hier gut Fondue essen könne. Er tut es mit jener freundlich-herablassenden Höflichkeit, die man nur im französischen Sprachraum antrifft und die mich gleichermaßen beeindruckt und verunsichert. Also tigern wir drei Freunde los und tatsächlich: In einem bestimmten Teil der Genfer Innenstadt bietet jedes zweite Restaurant verschiedene Fondue-Angebote in Räumlichkeiten, die nur so vor alpin-helvetischer Gemütlichkeit strotzen, und zu Preisen, die man in österreichischen Schilling lieber bezahlt hätte als in Schweizer Franken. Egal, wir sind in Genf und müssen Käsefondue essen, so will es das Protokoll.

Als dann der Fonduetopf vor uns steht und die ersten Brothappen getunkt und vertilgt wurden, halten wir kurz inne: Ja, das Fondue schmeckt phantastisch, keine Frage. Aber richtige Euphorie will nicht aufkommen. Etwas fehlt. Wir werden freundlich, aber mit einer solchen Effizienz bedient, die ahnen lässt, dass man an unserem Tisch noch mit anderen Kunden Geld verdienen will. Plötzlich wird uns – eingezwängt zwischen Japanern und Amerikanern – klar, dass nichts die Intimität eines privaten Fondue-Abends in der gemütlichen Berghütte oder am heimischen Esstisch ersetzen kann.

Das private Fondue ist angenehm unperfekt: Irgendetwas funktioniert immer erst nicht; man hat nicht genügend Spieße oder Brot; die Flamme ist nicht heiß genug; irgendjemand hat vergessen eine sehr wichtige Zutat mitzubringen… Aber all diese kleinen Makel schweißen uns nur mehr zusammen, reißen die Mauern ein, mit denen wir uns unweigerlich im öffentlichen Raum bewegen. Und so ist ein privater Fondueabend fast immer ein glückbringendes Ereignis. Ähnlich wie das Glücksgefühl, bei Leuten eingeladen zu sein, bei denen es unaufgeräumt ist. Außerdem imitieren wir mit dem Fondue ein steinzeitliches Mahl, gemeinsam um das Feuer von der gleichen Speise essend. Und wir sind immer dann glücklich, wenn wir wieder das tun dürfen, was unsere Vorfahren Zehntausende von Jahren taten, ehe seit einem Wimpernschlag der Menschheitsgeschichte die Zivilisation alles veränderte.

Die Moral: Bevor man in einem Schweizer Restaurant den Gegenwert eines moldawischen Lehrergehalts für ein Fondue bezahlt, sollte man seine Sippe zu einem improvisierten Käse-, Fleisch- oder Schokoladenfondue um sich scharen und in aller Gemütlichkeit das Glück dieses Moments genießen.

Frühstück

Mikor reggelizünk? – „Wann frühstücken wir?" fragt der ungarische Student, der gerade im Reisebus aufgewacht ist. Die deutsch-ungarische Gruppe war in aller Frühe losgefahren; Frühstück sollte es erst nach der ersten Etappe geben. Wann also? – Die europäischen Sprachen geben hierzu eher vage Hinweise. Vom deutschen Frühstück wissen wir nur, dass es eben früh eingenommen wird – und das klingt fast wie ein dezenter Hinweis, dass dies den meisten *zu* früh ist. Das ungarische *reggeli* heißt übersetzt „das Morgendliche" und die italienische *prima collazione* ist die erste Mahlzeit des Tages. Die Engländer legen etwas mehr Dramatik in ihr *breakfast*, in dem sie es als Fastenbrechen bezeichnen – und das schmeckt man auch. Beim niederländischen *ontbijten* erfährt man nur, dass es endlich wieder etwas zu beißen gibt. Etwas ratlos macht mich das französische *petit déjeuner* (kleines Mittagessen): Ist das eher als Herabwürdigung zu sehen, da man nicht einmal bereit ist, dem Frühstück eine eigenständige Bezeichnung zuzugestehen? Das wäre auch deshalb möglich, da der Weltruhm der französischen Küche mit Sicherheit nicht auf dem dortigen Frühstücksangebot beruht (53 % der männlichen Franzosen frühstücken einen *café* und eine Gauloises...). Oder ist es doch eher höflich gemeint, da man damit das Frühstück fast in den Rang einer vollständigen Mahlzeit erhebt? Wahrscheinlich ist die Doppeldeutigkeit – mal wieder – beabsichtigt. Präziser werden die europäischen Sprachen erst beim zweiten Frühstück. Das heißt in der Schweiz *Z´Nüni* (9:00 Uhr) und in Ungarn *Tízorai* (10:00 Uhr).

Wir merken also: Bei der Uhrzeit des Frühstücks sollten wir Flexibilität und Toleranz walten lassen. In größeren Städten gibt es ohnehin immer mehr Orte, wo man 24 Stunden lang durchfrühstücken kann. Wenden wir uns lieber der deutlich spannenderen Frage nach den Bestandteilen eines Frühstücks zu. Hier legt der Volksmund die Latte recht hoch: Wie „ein Kaiser" soll man frühstücken, denn es sei ja „die wichtigste Mahlzeit des Tages". Die meisten Europäer dürften diesen Rat als nicht ganz alltagstauglich bewerten. Nur die Engländer mit ihrem bereits erwähnten *breakfast* kommen dem nahe. Wenn Sie einmal vormittags durch London spazieren, kann es passieren, dass Sie folgende Leuchtschrift entdecken: „FULL MONTY BREAKFAST – 5 £" – Leider gibt es keinen einfachen Ausweg aus dieser Situation: Entweder Sie widerstehen der Versuchung, aber dann sind Sie um eine großartige Erfahrung und eine tolle Urlaubsstory ärmer. Oder Sie schlagen zu – und kriegen für den Rest des Tages in den gelegentlichen Wachphasen nicht viel mehr als ein selig gemurmeltes „Hmm, Full Monty Breakfast..." über die Lippen.

Ich persönlich glaube, dass das Ziel eines guten Frühstücks aus einem „magischen Viereck" besteht – im Sinne der Verabreichung einer angemessenen Menge an Koffein, Zucker, Vitaminen und Fett. Wie man dieses Ziel erreicht und welche Dosierung einem richtig erscheint, darauf gibt es viele Antworten beziehungsweise Zutaten. Um hier auch einmal etwas Praxistaugliches zu bieten, habe ich quer durchs Alphabet von A bis Z Bestandteile eines guten europäischen Frühstücks aufgezählt (und Full Monty ist auch dabei). Den Besonderheiten der deutschen Sprache entsprechend habe ich X und Y als Anfangsbuchstaben weggelassen und durch Sch und St ersetzt. Sie müssen jetzt nur noch überlegen, wie viel Hunger Sie haben und wonach Ihnen der Sinn steht. Dann treffen Sie Ihre Auswahl, schauen, dass Sie noch genug Zeit haben, um eventuell Fehlendes einzukaufen. Schließlich markieren Sie das Ausgewählte und frühstücken so nach und nach die ganze Liste durch. *C'est parti!*

- Aprikosenkonfitüre; Ajvar (zum Käse)

- *Baked beans*; Brötchen; Butter

- Camembert; Corn Flakes; Croissants

- Datteln

- Eier (als Frühstücksei in der Schale serviert); Erdbeermarmelade; Erdnussbutter

- Feigensenf

- Gemüsesaft; Gurkenscheiben

- Haferflocken; Honig

- Instant (zur Not)

- Joghurt

- Kaffee (in allen Variationen); Käse (alle an anderer Stelle nicht genannten Sorten); Knäckebrot

- Laugengebäck; Lyoner

- Milch; Müesli

- Nutella

- Obstsalat (*There is always room for a fruit salad.*); Omelett; Orangensaft

- Pfannkuchen; Pflaumenmus; Putenbrust

- Quark

- Räucherlachs; Rapshonig (hell und cremig)

- Salami; Sesammus; Speck; Spiegelei

- Schinken (getrocknet, geräuchert, gekocht); Schoki

- Steinobst; Streichwurst

- Tee (alle Sorte außer Hagebutte); Toastbrot; Tomaten (in rohen Scheiben oder in gebratenen Hälften)

- Überraschungsei

- Vegetarische Brotaufstriche; Vollkornbrot (fürs gute Gewissen)

- Waldfruchtmarmelade; Wurst; Würstchen

- Ziegenkäse; Zuckerrübensirup

Grillwurst

Mal angenommen, es gäbe irgendwo eine Freiburger Guerilla-Truppe, die sicher gehen will, dass ein unerwarteter Besucher kein Spitzel ist. Sie würden wahrscheinlich folgende Kontrollfrage stellen: „Wo isst man die Wurst?" – Denn darauf kann ein echter Freiburger nur antworten: „Auf dem Münsterplatz!" Wahrscheinlich gibt es kaum andere Städte oder Gegenden, wo die Menschen etwas so Profanes wie eine Grillwurst mit einem ganz besonderen Ort, einer Atmosphäre und einem Erlebnis verbinden, wie in Freiburg.

Betreten wir also diesen Platz mit dem gotischen Münster in der Mitte und der bunten Vielfalt aus Häuserfassaden, Café-Terrassen, Brunnen, Marktständen und vielen Menschen. Bevor wir uns aber auf die Suche nach den Wurstständen machen, schauen wir nach oben zum Münsterturm hoch, den wir vielleicht schon vorher aus größerer Entfernung in seiner ganzen Eleganz wahrgenommen haben. Man muss nicht darauf bestehen, ihn den „schönsten Turm der Christenheit" zu nennen, aber man wird anerkennen, dass seine Formen und Proportionen einfach besonders einnehmend sind. Mich fasziniert am Münsterturm nicht nur seine aktuelle Gestalt, sondern seine Geschichte: Der Turm wurde bereits um 1380 fertiggestellt, deutlich früher also als bei anderen Kathedralen in Mitteleuropa. Ich stelle mir vor, wie sich ein mittelalterlicher Bauer aus dem Breisgau mit seinem Ochsenkarren auf matschigen Wegen der Stadt Freiburg nähert und sieht, wie der prächtige Münsterturm sich aus den wenigen niedrigen Stadthäusern erhebt – 116 Meter hoch. Wenn uns der spontane Anblick des Münsterturms noch heute für einen Moment die Sprache verschlägt, um wie viel ergriffener und ehrfürchtiger muss der Bauer im 14. Jahrhundert diesen Turm wahrgenommen haben; ein Gebäude, das alles überragt und überstrahlt, was er bisher in seinem Lebenskreis zu Gesicht bekam und das wahrlich den Übergang in eine andere Welt darzustellen scheint.

Aber solche Gedanken machen hungrig. Also senken wir wieder den Blick, nehmen die Liebste an die Hand und bahnen uns einen Weg auf die Nordseite des Münsters, vorbei an den Honiggläsern und Kochlöffeln, hinein ins bunte Reich der Gemüsestände. Schöne Äpfel hat es hier. Wie heißen diese großen grünen Blätter nochmal? Vorsicht, nicht im Vorbeigehen die Radieschenbündel herunterschmeißen! Und plötzlich stehen wir am Rand jenes Pulks, das sich immer um die Würstchenbuden bildet. Der typische Bratgeruch steigt uns in die Nase. Wir schauen rasch, wo die Schlange kürzer ist und stellen uns dann an einer der vier-fünf Buden an, die schlicht, aber selbstbewusst nebeneinanderstehen und jeweils einen anderen jener knappen badischen Familiennamen tragen. Wir kommen näher, trippeln uns heran. Der Appetit mischt sich mit Gier, die Vorfreude schlägt um in Ungeduld. Dann sind wir endlich dran und auf den knappen Blick des Wurstverkäufers antworten wir hastig: „Eine lange Rote mit Zwiebeln" – Wortlos prüft der Herr über die Würste noch kurz, welche der vor ihm brutzelnden Roten am ehesten in Frage kommt, schnappt sich eine, teilt sie durch einen gnadenlosen Kniff mit der Bratzange in zwei Hälften und bugsiert das Ganze in das Brötchen in seiner anderen Hand, in dem schon – wann hat er das bloß gemacht? – die gebratenen Zwiebeln liegen. Noch rasch bezahlt, dann können wir die Wurst endlich in Empfang nehmen und die richtige Menge Senf aus dem Druckspender darauf verteilen. Nun schnell wegtreten, ein Plätzchen neben oder hinter dem Stand suchen und – Vorsicht! – nicht sofort reinbeißen, sonst ätzt einem die knallheiße Wurst den Gaumen weg und man kann für den Rest des Tages nichts schmecken. Also noch einmal Warten: Pustend nähern sich die Lippen der Wurst, um zu prüfen, ob man schon einmal gefahrlos daran knabbern kann… Nur Augenblicke später ist die Wurst verschlungen und das ganze Ritual vorbei, wie ein

Feuerwerk, das seine Schönheit aus dem kurzen Moment des Erstrahlens schöpft. Jetzt bleiben nur noch das Ablecken der Senfreste vom Handrücken und das Wegschmeißen des kleinen Papierstücks, in dem wir die Wurst überreicht bekommen haben. Wir schlendern weiter – froh, dass uns nicht ausgerechnet beim Wurstessen ein Bekannter erwischt und in ein belangloses Gespräch verwickelt hat. Wir betrachten teilnahmslos die Waren der tapferen Biobauern und denken bereits darüber nach, wann wir wohl das nächste Mal nach Freiburg, in die Stadt, auf den Münsterplatz kommen werden.

Gulaschsuppe

Die wichtigste Zutat für eine ungarische Gulaschsuppe ist Hemmungslosigkeit. Das bezieht sich auf das Paprikapulver. Man muss es vollkommen enthemmt in den Topf schütten und dabei jeden Hinweis auf empfohlene Mengenangaben und jedes Gefühl der Mäßigung aus Kopf und Herz verbannen. Je mehr, desto besser! Das ist durchaus ernst gemeint, denn die Aufgabe des Paprikapulvers ist nicht nur, zur Würzung beizutragen, sondern auch für die dickflüssig-cremige Konsistenz der Suppe zu sorgen. Und dafür braucht man schon eine ganze Menge. Jetzt versteht man auch, warum es Paprikapulver in Ungarn nicht in zierlichen Glasbehälterchen gibt, sondern in Tüten, die man hierzulande für Haferflocken verwenden würde.

Aber der Reihe nach: Wir befinden uns in einem Garten am Rande von *Pilisszentbommelmütze* (Familiensprache für „irgendein Dorf nordwestlich von Budapest"). Das Lagerfeuer hat sich auf die richtige Höhe eingependelt und flackert unter dem großen Henkeltopf, der wiederum mit einer Kette von einem dreifüßigen Metallgestell herabhängt. Die Gäste stehen gemütlich um den Topf herum und schauen zu, wie der fleißige Gastgeber nach und nach die Zutaten – feingehackte Zwiebeln, das Fleisch, etwas Karotten und Sellerie, Speck und natürlich das Paprikapulver – mit konzentrierter Miene hinzugibt. Wenn man einen Moment die Augen schließt, nimmt man eine Reihe von Sinneseindrücken besonders deutlich wahr: die vom Wald herkommende leichte Brise, die noch nicht zu starken Sonnenstrahlen auf der Haut, die gelegentlichen Rauchschwaden, das ineinander übergehende Geräusch von Knistern und Gurgeln unter und in dem Topf sowie der intensiver werdende Geruch der schmorenden Mahlzeit.

In dieser Erinnerung entsteht streng genommen keine Gulaschsuppe (*gulyásleves*), sondern ein Gulasch (*pörkölt*), das später mit frisch gestampftem Kartoffelbrei serviert wird. Aber beide Varianten vermitteln dieselbe ursprüngliche Aura des ehemaligen Reitervolkes, das über Jahrhunderte durch die Steppen des Ostens zog. Die sehr geschichtsbewussten Ungarn haben sowohl die Fähigkeit als auch das Bedürfnis, immer wieder Kontakt zu dieser Zeit aufzunehmen, als sie gerade die Karpaten überwunden, die Awaren vertrieben und das Tiefland (*Alföld*) besiedelt hatten. Diese Tradition kommt teilweise auch in einer etwas gewagten „ungarischen Architektur", die Zelte imitiert, zum Ausdruck – ebenso wie in kulturellen Werken und zahlreichen Erinnerungsorten im ganzen Land.

Am sympathischsten ist es mir aber immer noch, wenn die Ungarn ihrer Wurzeln durch ein Gulasch auf offenem Feuer gedenken. Und ich bedaure etwas, dass in Deutschland – wo immer aufwändigere Grillapparate in den Vorgärten stehen – so niemand auf die Idee kommt, einmal ein Kesselgulasch auszuprobieren. Stattdessen stehen die traurigen Dosen mit der billigen Gulaschsuppe ganz unten im Supermarktregal und schämen sich, wenn sie merken, dass ein echter Ungar vorbeikommt und sie mit einem verächtlichen Kopfschütteln straft.

Ja, das deutsch-ungarische Verhältnis hat schon bessere Zeiten erlebt. Die Sympathie und das Vertrauen, das nach der Grenzöffnung zwischen beiden Ländern herrschte, sind einer Gereiztheit und einem permanenten gegenseitigen Kopfschütteln gewichen. Es gibt aktuelle Äußerungen aus Ungarn, die ich unentschuldbar finde. Aber es gibt in Deutschland weiterhin ein verbreitetes Unwissen und Desinteresse an Mittel- und Osteuropa, das auch nicht so bleiben kann. Ich hoffe auf eine Öffnung Ungarns und auf eine Europäisierung der Gulaschsuppe. Auf eine Zeit, in der wir uns gemeinsam über den Topf beugen können, um hemmungslos Paprika zuzugeben im Bewusstsein, dass die europäische Genussgemeinschaft wichtiger ist als nationale Mythen.

Hähnchen

Diese Szene kann man oft beobachten, vor allem in Frankreich: Da gehen die Leute in einem riesigen Supermarkt einkaufen und füllen dabei einen gigantischen Einkaufswagen mit Produkten, aus denen man Dutzende von Gerichten kochen könnte. Das Abendessen kaufen sie aber dann bei dem kleinen Hähnchenwagen auf dem Parkplatz, in dem sich das aufgespießte Geflügel brutzelnd dreht und von einem mehr oder weniger vertrauenswürdigen Verkäufer unter die Leute gebracht wird. Umsonst der volle Einkaufswagen. Umsonst der Hinweis, dass man doch eben extra alles für einen Gemüseauflauf eingekauft habe. Das Hähnchen ist stärker. Denn es macht uns imaginär zu Widerstands-Kämpfern, die in der

Abenddämmerung die Hühner aus dem Stall des mit der Obrigkeit kollaborierenden Bauern stehlen und sie in ihrem Waldversteck auf offenem Feuer grillen. So oder so ähnlich ist der Hähnchen-Geschmack: Er hat etwas Subversives, etwas Romantisches, etwas Trotziges und Wildes. Wenn man den Hähnchenschlegel in der schmierigen Hand hält und begierig zu Munde führt, begehrt man auf gegen die Konvention und triumphiert für die Dauer einer Mahlzeit über die übliche Ordnung der Dinge. Als Kind war ich fasziniert von dem Begriff „Landstreicher". Ich stellte mir darunter unangepasst-überlegene Typen vor und wollte wie sie durch das Land streichen und dabei – natürlich – grinsend an einem Stück Hähnchen nagen. Kein Wunder, dass eine ganze Zunft von Hähnchenverkäufern auf den Supermarktparkplätzen unseres Kontinents ein Geschäftsmodell aus dieser Sehnsucht gemacht hat.

Jetzt ist noch eine Entschuldigung fällig: Ich bin in frühen Jahren einer ganzen Reihe von Menschen furchtbar auf die Nerven gegangen, weil ich *Kentucky Fried Chicken* so toll fand. Auch daran war ein Englandurlaub schuld. An der Einfallsstraße nach Chichester haben wir die besondere Rezeptur der Hähnchenkruste probiert – und dann ist bei mir eine Sicherung durchgegangen. Ich wollte den Rest des Urlaubs immer wieder zu KFC und in den Monaten danach habe ich mit allen verfügbaren Mitteln nach Möglichkeiten gesucht, einem der ganz wenigen Restaurants in Deutschland auf die Spur zu kommen – die es damals nur in den Siedlungsgebieten amerikanischer Streitkräfte gab. In der Rückschau schüttle ich den Kopf über diese kindliche Verbohrtheit. Und wenn mich der Zufall meines Mobilitätsverhaltens in ein Einkaufszentrum oder einen Hauptbahnhof mit KFC bringt, weiß ich, dass ich es lieber bleiben lassen sollte: Der Genuss der frühen Jahre lässt sich nicht wieder herstellen; irritiert räume ich das Tablett weg und verlasse hastig die Stätte der Enttäuschung – jedes Mal.

Hackfleisch

Ich stelle zunächst ganz neutral fest: Den Leuten scheint Hackfleisch zu gefallen. Quer durch Europa trifft man gerade bei populären Gerichten – also bei solchen, die vielen Menschen schmecken und die man sich auch ab und zu leisten kann – auf Hackfleischvarianten.

Fangen wir ruhig mit dem Hamburger an, mit dem wir uns als amerikanischem Re-Import zwar nicht so recht identifizieren können, dem wir aber gleichwohl viel Sympathie entgegen bringen. Vor allem, wenn ein heimischer Start-Up-Imbiss eine ungewohnte Variante hervorbringt, oder wenn wir uns zu Hause mit allen erdenklichen Zutaten unseren ganz privaten Riesenburger bauen.

Vom Hamburger ist es nicht weit zum französischen *steak haché*, über das unsere Nachbarn zwar nicht gerne reden, das aber dennoch eine tragende Säule ihres kulinarischen Alltags darstellt: Kaum ein Restaurant in Frankreich kommt ohne ein Kindermenu mit *steak haché* und Pommes aus und ein Blick auf die Vielfalt und Menge im entsprechenden Supermarktregal lässt erahnen, was heute Abend in etwa jede dritte französische Pfanne kommt.

Die traditionsreiche Frikadelle (oder Bulette) ist in Deutschland weitgehend zum plastikverschweißten Supermarktprodukt degeneriert. Wer erinnert sich noch an das erhebende Gefühl, das Hackfleisch in der Backschüssel zwischen den Fingern mit Ei, Mehl und Zwiebeln zu vermengen? Was dann in den Händen geformt und in die Pfanne gegeben wird, nennt man in meiner Familie „Knütschchen". Der Name ist Programm.

In allen IKEA-Märkten auf dem ganzen Kontinent werden Tag für Tag *Köttbullar* in solchen Mengen ausgegeben, als wolle man die Speisung der 5000 nachstellen. Die Kinder essen sie pur; die Eltern ziehen anerkennend die Augenbrauen hoch, wenn sie sie mit Rahmsoße und Preiselbeermarmelade genießen. Und wem *Köttbullar* zu gewöhnlich sind, der kann in der nächsten Tapasbar insidermäßig *Albondigas* bestellen. Das ist dasselbe, nur sehr viel teurer. Man sollte sich allerdings gut überlegen, ob man den spanischen Wirt nach Rahmsoße und Preiselbeeren fragt.

Auch die Lieblingsnudeln der Europäer – Spaghetti Bolognese – verdanken ihr gewisses Etwas dem Hackfleisch, das sich vergeblich in der Tomatensoße zu verstecken sucht. Wer in Mittel- und Osteuropa unterwegs ist, findet Hackfleisch in deftigen Krautwickeln oder eleganten Nudeltaschen (Piroggen) wieder. Wer an der kroatischen Küste aufs Meer schaut, bestellt Cevapcici mit Zwiebelringen und Ajvar, der wunderbaren Paprika-Tomatenpaste. Wer das Glück hat, bei einem Umzug helfen zu dürfen, bekommt mit großer Wahrscheinlichkeit in einer Schlepppause *Chili con carne* serviert und kann zwischen Umzugskisten auf dem Treppenabsatz hockend den ersten Löffel anpusten und dabei der hübschen Umzugshelferin gegenüber zulächeln. Und wenn die Speisekammer oder der Geldbeutel gar nichts mehr her geben, dann bleiben uns wenigstens noch die Ravioli aus der Dose – mit Hackfleisch versteht sich.

Es klang ja schon an: Niemand ist so recht stolz darauf. Alle wissen, dass Hackfleisch nun mal die weniger raffinierte und billigere Variante des Fleischkonsums ist. Sicher auch nicht die gesündere. In den Hochglanzpräsentationen der regionalen Küchen werden die Hackfleischgerichte gerne unterschlagen. Und doch ist Hackfleisch die heimliche Geliebte der Europäer; eine Versuchung, der sie nicht wiederstehen können und eine große Gemeinsamkeit, der sie sich kaum bewusst sind.

P.S.: Bitte seien Sie vorsichtig, wenn die Gefahr besteht, dass das Hackfleisch zu lange ungekühlt gewesen sein könnte. Mir ist einmal nach einer Hackfleisch-Focaccia so schlecht geworden, dass ich in Ohnmacht fiel und die Nacht im Krankenhaus verbracht habe.

Honig

Es gibt eine lange Reihe von Dingen, die man tun sollte, die ich aber nicht tue. Blut spenden zum Beispiel. Oder ins Fitness-Gym gehen. Ich benutze auch viel zu selten Zahnseide und ich war ewig nicht im Theater. Seit kurzem ist die Liste meiner Unzulänglichkeiten um einen Eintrag reicher: Ich bin kein Hobby-Imker. Nicht, dass mir das jemand zum Vorwurf machen würde. Aber in bestimmtem Kreisen spürt man schon, dass man in eine Art Zweitklassigkeit absteigt, wenn man Honig weiterhin einfach nur im Laden kauft. Und ich gebe zu: Sie sind beneidenswert, die Hobby-Imker. Sie können „ein Volk" ihr Eigen nennen (Wobei ich mir ein Schmunzeln nicht verkneifen konnte, als mir einer neulich erzählte, dass ihm sein Volk entflogen sei.). Außerdem haben sie eine faszinierende Art, sich im Schutzanzug und mit fauchendem Rauchspender ihren Waben zu nähern. Wie ein Mischung aus Astronaut und Hohepriester.

Wie dem auch sei: Als Fernpendler ist es mir nicht möglich der Hobby-Imkerei nachzugehen; ich kann ja schlecht meine Bienenstöcke im ICE mitnehmen. Aber ich finde es gut, dass diese Mode der Bo-Bo´s zu einem größeren Bewusstsein dafür führt, was für ein einzigartiges Lebensmittel Honig doch ist: halb pflanzlichen und halb tierischen Ursprungs und auf einem Grad an Planung und Selbstorganisation basierend, den man den wild umher summenden Immen zunächst gar nicht zutraut. (Die Bo-Bo´s sind übrigens keine Ethnie, sondern die *Bourgeois-Bohémiens*, wie man in Frankreich das Milieu nennt, das der Imkerei aktuell besonders viel Sympathie entgegen bringt.)

Eine Besonderheit möchte ich hervorheben: Unter allen genießbaren Produkten eignet sich ein Glas Honig am allerbesten als kleines Geschenk. Honig hat immer den Nimbus des irgendwie besonderen und kostbaren, den man gerne mit einem Geschenk verbindet. Dennoch kann man sich ein Glas Honig in der Regel leisten und es ist davon auszugehen, dass sich jeder darüber freut. Ich habe noch niemanden kennengelernt, der mir von einer heftigen Abneigung gegen Honig berichtet hätte. Schließlich bietet ein Glas Honig zahlreiche Gelegenheiten, sich an den Schenker dankbar zu erinnern und es steht – einmal verbraucht – nicht sinnlos herum.

Meine Honig-Favoriten? – Zum einen die Tasse heiße Milch mit Honig (in diesem Fall eher der flüssig-dunkle Tannenhonig), in der sich die beruhigende und heilende Wirkung beider Bestandteile verknüpft. Nach diesem Genuss ahnt man, was mit dem Land, wo Milch und Honig fließen, gemeint ist. Zum anderen liebe ich eine Scheibe schweren Schwarzbrots, das mit Butter und hell-cremigem Rapshonig bestrichen ist. Das esse ich gerne vor dem Fernseher und schaue beeindruckt, wie dem Hobby-Imker in der Doku die vielen kleinen Bienen über die Finger krabbeln, während er seelenruhig den Entwicklungsstand der Waben prüft. Respekt!

Joghurt

Als ich Polizist werden wollte, war meine Oma meine Sekretärin. Ich saß bei ihr am Esstisch und stellte mir vor, dass dies mein Oberpolizisten-Arbeitsplatz sei, von dem aus ich schwierige Sachlagen analysiere und Einsätze plane. Die vornehmste Aufgabe meiner Oma als Sekretärin war es dann, mir gelegentlich einen Becher Naturjoghurt mit zwei Löffeln Zucker drin zu reichen. Den nahm ich dankbar entgegen und habe mich mit dieser frischen und süßen Zwischenmahlzeit von meiner verantwortungsvollen Aufgabe erholt.

Diese Szene lässt tief blicken? Kann schon sein: Man merkt, dass Männer meiner Generation durchaus noch auf zwei Tätigkeiten hin sozialisiert wurden: herrschen und sich bedienen lassen. Man kann es aber auch so deuten, dass meine Oma – wiederum ihrer Generation entsprechend – jede Gelegenheit genutzt hat, um uns Kindern Nahrhaftes zukommen zu lassen, auch wenn sie dafür in die Rolle eine Polizeisekretärin schlüpfen musste. Das war ihre Reaktion auf die Erfahrung von Krieg und Not, die sie zeitlebens nicht abgelegt hat.

Ich frage mich seither bei jeder Joghurt, die ich esse, ob vielleicht irgendwo meine Kinderphantasie Realität wurde und eine Polizeioberinspektorin sich von ihrem Mitarbeiter eine Pausenjoghurt bringen lässt. Wenn ja, bitte melden. Ich bin an einem Erfahrungsaustausch interessiert.

Kartoffeln

Die Mundart bringt es an den Tag. Das standarddeutsche Wort „Kartoffel" klingt zwar etwas komisch, gibt uns aber keinen wirklichen Hinweis auf seine Herkunft. Wenn wir aber in die Dialekte hinein lauschen, dann hören wir – je nach Landstrich – unterschiedliche lautliche Realisierungen der Konzepte „Erdapfel" und „Grundbirne". Das macht dann doch stutzig. Wieso hat eine Speise, die so alltäglich, vertraut und urdeutsch wirkt, wie die Kartoffel, keine eigenständige Bezeichnung? Warum musste man ein Bild, einen Vergleich bemühen, um sie zu benennen? Nun, das liegt daran, dass die Kartoffel erst zu einer Zeit aus der neuen Welt nach Deutschland kam, als alle anderen traditionellen Früchte der Erde schon ihre Namen hatten und die Bauern sich irgendeinen Reim auf das ungewohnte Gewächs machen mussten. Eine Frucht, die „wie ein Apfel in der Erde" oder „wie eine Birne im Grund" steckt… Die Dialektwörter zeichnen also etwas verborgen die Wanderungsgeschichte der Kartoffel nach und machen uns klar: Sie ist eine Zuwandererin aus Übersee. Sie ist der Beginn der kulinarischen Globalisierung. Und sie zeigt, dass man gleichzeitig typisch deutsch und von fremder Herkunft sein kann. Manche Menschen, die regelmäßig Kartoffeln essen, haben das noch nicht begriffen.

In meiner Erinnerung sind Kartoffeln oft in bestimmte Ablaufschemata eingebunden. Wenn eine bestimmte Bedingung erfüllt ist, tritt als Konsequenz die entsprechende Kartoffelvariante auf den Plan. Ein paar Beispiele: Wenn man als Kind eine Gabel fest in der Hand hält, dann liegt auf dem Teller eine weich gekochte Kartoffel, die man damit zerdrücken kann. Wenn man als Jugendlicher zu einer Party geht, dann bringt man eine Tüte Kartoffelchips mit. Wenn man unterwegs ist, dann isst man irgendwo Pommes frites (siehe dort). Wenn Apfelmus im Haus ist, dann macht man Kartoffelpuffer dazu. Wenn man einen Schweizer Supermarkt besucht, dann kauft man eine Packung Rösti. Wenn meine Mutter etwas Festliches kocht, dann macht sie im letzten Moment Rosmarinkartoffeln in der Pfanne. Wenn mein Vater zwischendurch Hunger hat, dann geht er zu der mit einem Teller bedeckten Schale auf dem Kühlschrank, wo die schon gekochten, aber abgekühlten Kartoffeln stehen und gönnt sich eine mit einer Prise Salz. Wenn man im Schwarzwald wandern geht, dann bestellt man in der Gaststätte Brägele. Wenn der Herbst ungemütlich wird, dann macht man eine Kartoffelsuppe. Wenn man garantiert pappesatt werden will, kocht man Gnocchi. Wenn man sich mit Russen anfreundet, dann trinkt man Kartoffelschnaps. – Man sieht: Es gibt kaum eine Lebenssituation, für die die Kartoffel nicht eine Antwort parat hätte. Das schafft nur, wer schon einen weiten Weg hinter sich hat.

Käse

„*Non.*" – Die Antwort kommt rasch; sie klingt ebenso bestimmt wie gelassen, fast ein bisschen amüsiert. Die Frage war gewesen, ob sich der Besitzer des kleinen Käse-Restaurants in der Lyoner Altstadt vorstellen könnte, so ein Lokal auch in Deutschland zu eröffnen. Wohl eher nicht. Kaum habe ich mir diesen Korb eingefangen, ist mir die Frage auch schon peinlich. Was bilde ich mir ein auf mein wohlhabendes Deutschland, wo sicher viele zahlungskräftige Kunden in solch ein Restaurant pilgern würden? Warum gehe ich davon aus, dass es unbedingt erstrebenswert wäre, jenseits des Rheins ein Vermögen zu verdienen – wo es doch offensichtlich für die Glückseligkeit vollkommen ausreicht, in einer kleinen Straße auf der *presqu´île* eine wohnzimmergroße Gaststätte zu betreiben, wo man in retro-gemütlicher Atmosphäre Käseplatten und auf Käse basierende Salatkompositionen serviert?

Es ist so: Frankreich ist uns in Sachen Käse um Lichtjahre voraus. Damit meine ich aber nicht in erster Linie die galaktische Zahl an Käsesorten, die das Land hervorgebracht hat. Und auch nicht das in Frankreich unvermeidbare Expertentum, das sich nicht nur in einem endlosen Wissen über Käse ausdrückt, sondern auch in einer besonders eleganten Art, darüber zu reden. Mir geht es eher um die Verankerung im Alltag. Um die Selbstverständlichkeit, mit der nach einem Menu im Restaurant oder auch nach einem Essen bei Freunden der Käse gereicht wird. Ich kann das ältere französische Ehepaar verstehen, das mit Unverständnis und Missmut feststellen musste, dass in einem so wohl organisierten Land wie Deutschland dauernd der Käsegang vergessen wird. Ärgerlich!

Aber ich möchte mir nicht vorwerfen lassen, durch andauerndes Lob die Bemühungen der Franzosen zu konterkarieren, ihren Hang zur Selbstüberschätzung schrittweise abzulegen. Also gebe ich dem Thema eine europäische Wendung: Wie wäre es, wenn wir eine „europäische Traummannschaft" der Käsesorten aufstellen würden, so wie es Fußballmagazine bei jeder Europa- oder Weltmeisterschaft genüsslich tun? – In der Abwehr stehen drei grundsolide Käsesorten: Der Schweizer Emmentaler, der französische Camembert – berühmt für sein geschmeidiges Spiel – und der holländische Gouda, ein mittelalter Spieler, der seine abnehmende Wendigkeit mit einer Riesenerfahrung kompensiert. An diesen dreien kommt so schnell keiner vorbei. Im Mittelfeld sorgen der englische Cheddar und der spanische Manchego für Stabilität; unterstützt durch einen als Libero spielenden Ziegenkäse, dessen nationale Herkunft nicht endgültig geklärt ist. Als Angriffsspieler kommen der griechische Feta und ein ungewöhnlich auftretender Räucherkäse aus Osteuropa zum Einsatz; Mittelstürmer ist der brandgefährliche Gorgonzola; ein massiv auftretender Torjäger aus Italien. Und im Tor? Da steht der deutsche Harzer. Er kann, was jeder gute Torwart können muss: seine Gegner verstören. – Wer richtig gezählt hat, merkt, dass hier nur zehn Spieler auf dem Platz stehen. Ja, der ignoranten Schiedsrichter hat einen weiteren Schimmelkäse wegen Foulspiels vom Platz gestellt. Aber keine Sorge: Diese Mannschaft gewinnt auch in Unterzahl.

P.S.: Meine Mutter bat mich noch, in diesem Abschnitt darauf hinzuweisen, dass sie sich zu ihrem siebten Geburtstag ein kleines Stück Käse für sich ganz alleine gewünscht hat. Ein weiteres Beispiel dafür, wie rasant Wohlstand und Überfluss sich bei uns in den letzten Jahrzehnten entwickelt haben. Vielleicht liegt in dieser Erinnerung an den Mangel der Kindheitsjahre auch der tiefere Grund für eine spätere Episode im Leben meiner Eltern: Einige Jahre nachdem sie ein Haus gebaut hatten, gerieten sie durch steigende Zinsen in eine finanzielle Schieflage. Das Lieblingsauto meines Vaters musste verkauft und an allen Ecken und Ende gespart werden. In dieser Situation bringt meine Mutter von einem Einkauf eine Packung – aus damaliger Sicht – sündhaft teure Käse-Scheibletten mit. Mein Vater hat getobt und der handfeste Ehekrach war perfekt. Und das ausgerechnet wegen eines Käseprodukts mit eher unspektakulärem Ruf… Noch heute kauft mein Vater, wie mir scheint, immer etwas mehr Käse als notwendig ein. Vielleicht aus schlechtem Gewissen wegen seiner damaligen Überreaktion. Vielleicht beherzigt er aber auch nur den Spruch an der Wand in dem kleinen Lyoner Käserestaurant: Da sieht man auf einer Schiefertafel im oberen Bereich zwei Kästchen. *Vous allez bien?* – fragt das eine – *Vous n'allez pas bien?* – das andere. Von beiden geht dann ein Pfeil zum selben großen Kästchen darunter, in dem steht: *Mangez du fromage!*

Kraut & Rüben

Es ist einfach nicht fair. Man hätte Kraut und Rüben wirklich gerne eine andere Rolle in unserem Sprachschatz gegönnt. Doch jetzt ist es eben so: Sie müssen immer dafür herhalten, wenn wir uns über ein ärgerliches Durcheinander aufregen: „Wie Kraut und Rüben!" – schimpfen wir dann entnervt. Warum nur? Ist die gewisse Unordnung und Buntheit, mit der uns Kraut und Rüben auf dem Marktstand erscheinen nicht ein Grund zur Freude? Versprechen uns Kraut und Rüben nicht Abwechslungsreichtum, angenehme Überraschungen und geschmackliche Vielfalt? – Man sollte das Wagnis unternehmen, die Redeweise einfach umzudeuten, sie ins Positive zu wenden: Man könnte versuchen, eine reich gedeckte Tafel oder einen in bunter Blüte stehenden Vorgarten mit dem Ausruf zu loben: „Oh, schön, wie Kraut und Rüben!" – Gewiss, das Lächeln der Gelobten würde zunächst jäh einfrieren. Aber mit ein paar Erläuterungen und etwas Beharrlichkeit könnten wir Kraut und Rüben von ihrem sprachlichen Fluch befreien. Ich finde, wir sind es ihnen schuldig: dem Schnittlauch im Omelett, der Petersilie am Tellerrand, den Dill-Happen, dem Basilikum auf den Tomaten, den unwiderstehlichen Kräutern der Provence, dem Blaukraut, das Blaukraut bleibt, ebenso wie dem Weißkohl, den Dingen, gegen die ein Kraut gewachsen ist, dem selbst gepressten Apfel-Möhren-Saft, den Karotten im Gemüse-Dip und natürlich den gelben Rüben der kleinen Hexe, die sie morgens noch vor dem Kaffee schabt. – Lang leben Kraut und Rüben!

Kuchen & Teilchen

Es gibt ja Leute, die haben eine unglaubliche Freude an nationalen Stereotypen. Die Deutschen sind so; die Franzosen sind so. Und wenn die Engländer das tun, für das eigentlich die Italiener zuständig sind, gibt es ein schreckliches Durcheinander. Haha! – Die ganz Ausgebufften unter den Freunden des Vorurteils bringen früher oder später diesen Satz, den sie mit hochgezogenen Augenbrauen ganz langsam aussprechen: „Die Franzosen arbeiten, um zu leben. Die Deutschen leben, um zu arbeiten." – Zufrieden schaut dann der Kulturexperte in die Runde und weiß, welchen Eindruck er mit diesem kenntnisreichen und sprachgewandten Bonmot gemacht hat.

Tja, das sind dann auch die Leute, denen sofort auffällt, dass deutsche Kuchenstücke deutlich größer sind als die anderer Länder. Da haben wir ihn wieder: den deutschen Größenwahn und den Mangel an Eleganz. Wie viel kultivierter wirkt dagegen die *tartelette au citron* aus der französischen *patisserie* oder der zwei Finger breite Gerbeaud-Kuchen aus der ungarischen *cukrászda*. In Deutschland dagegen: dicke Geldtaschen, dicke Autos, dicke Kuchen und der unheilvolle Drang alle anderen Europäer dominieren und belehren zu wollen.

Ich weiß, wer ein schönes Vorurteil sein eigen nennt, gibt es nicht gerne wieder her. Trotzdem möchte ich es versuchen: Die deutschen Kuchen und Teilchen sind nur deswegen so groß, weil man sie teilt. Ich glaube, ich habe (fast) noch nie ein Kuchenstück ganz alleine gegessen. Egal, ob man zu zweit unterwegs ist oder in einer kleinen Gruppe: Man teilt. Mal planmäßig von vorherein; mal spontan beim Essen. Bei meinen Eltern kann man das gut beobachten: Wenn sie eine mittelgroße Kaffeegesellschaft erwarten, kaufen sie ein paar Stücke Kuchen (Apfelkuchen, Donauwelle, Erdbeerschnitte, Linzertorte, Schwarzwälder Kirsch...) und ein paar Teilchen (Mandelhörnchen, Mohnschnecken, Nussecken, Puddingbretzel, Quarktaschen...). Dann zerteilen sie alles mit der scharfen Kante des Kuchenhebers je in drei-vier Stückchen und arrangieren auf ein-zwei großen Tellern das appetitliche Durcheinander an Farben und Formen. Durch diesen simplen Trick ist allen gedient: Die Entscheidungsschwachen müssen sich nicht mehr quälen; die Figurbetonten können sich einreden, so weniger zu essen; die Missgünstigen brauchen keine Angst haben, etwas zu verpassen; und auch die Langsamen kriegen am Ende immer noch ein Extrastück ab. So können große Teilchen kleine Wunder bewirken – auch wenn ein hart gewordenes Vorurteil sich nicht so leicht zerteilen lässt, wie ein Stück Blechkuchen.

Lángos (sprich: Langosch)

Die Budapester Markthalle ist einer der schönsten Orte Europas. Sie ist so schön, weil hier die architektonische Ästhetik der eleganten Metallkonstruktion auf die kulinarische Ästhetik trifft, mit der die bunten und überladenen Verkaufsstände um ihre Kunden buhlen. Wenn die Augen sich daran sattgesehen haben und der Magen gleichzeitig zu knurren anfängt, sollte man einen der Aufgänge zur Galerie im ersten Stock nehmen. Dort findet man (mit etwas Glück) einen Lángos-Stand und erstaunlich viele Ungarn, die einem im Erdgeschoss unter all den Touristen gar nicht aufgefallen waren.

Jetzt passiert folgendes: Die Verkäuferin nimmt einen zunächst ganz harmlos aussehenden Teigballen aus einer

Kartoffel-Mehl-Mischung in die Hand. Diesen zieht und dreht sie zwischen den Händen, bis ein etwa tellergroßer Fladen entstanden ist, der in der Mitte eher dünn ist und nach außen hin kranzartig dicker wird. Dieser Fladen landet dann in einem großen Becken mit heißem Fett, in dem er sprudelnd herumschwimmt und dabei knusprig gebacken wird. Wenn er so weit ist, wird er mit einer Gabel oder einem Spieß aus dem Fett geangelt und auf ein großes Stück Butterbrotpapier gelegt.

Wer bis jetzt schon den Eindruck gewonnen hat, dass hier nicht gerade ein Diätprodukt entsteht, muss jetzt ganz stark sein. Denn in der klassischen Variante wird auf den fertigen Lángos nun noch eine dicke Schicht Schmand gestrichen, reichlich Reibekäse darauf gestreut und alles zu guter Letzt mit einem besonderen Knoblauchöl beträufelt.

Ja, der Lángos ist schon allein als verbale Schilderung nicht ganz leicht verdaulich. Wenn man sich tatsächlich anschickt, einen zu essen, sollte man ordentlich Hunger, einen robusten Magen und die feste Absicht mitbringen, dies maximal zwei Mal im Jahr zu tun. Den ersten Biss in dieses triefend heiße Kalorienmonster muss man in dem Bewusstsein tätigen, dass jedes Leben eine gelegentliche Portion Wahnsinn braucht – und dass das Gebot kultureller Offenheit einem sowieso keine andere Wahl lässt. Dann kann man sich diesem irrationalen Genuss vollkommen hingeben und die Konsequenz bestaunen, mit der der Lángos auch auf den geringsten Anschein von Ausgewogenheit oder Bekömmlichkeit jovial verzichtet.

P.S.: Man trinkt dazu einen *vörös fröccs* – eine günstige Rotweinschorle – die einen beim physischen und psychischen Verarbeiten des Geschehens bereitwillig unterstützt.

Lyoner

Ich weiß nicht, ob ich mich wirklich daran erinnere, oder ob ich nur erinnere, mich einmal daran erinnert zu haben. Wenn ich mich wirklich erinnere, dann muss es eine sehr frühe Erinnerung sein. Schließlich waren die Einkaufswagen damals deutlich kleiner als heute, und um als Kind bequem auf der ausklappbaren Sitzfläche platznehmen und die Beine durch die beiden Aussparungen stecken zu können, durfte man maximal drei oder vier Jahre alt sein. Und doch sehe ich mich dort thronen; rundum zufrieden, weil ich nicht laufen muss, weil ich einen guten Überblick habe und außerdem immer sehe, wo Mama ist.

Doch der Anker dieser frühen Erinnerung befindet sich hinter der Fleischtheke. Es gab eine unausgesprochene Regel, dass die Mutter und die Verkäuferin hinter der Theke den Bestell- und Bedienvorgang nicht einleiten konnten, wenn ein Kind im Einkaufswagen saß, ohne folgendes Ritual: Die Verkäuferin strahlt das Kind an und schneidet – ohne weitere Erkundungen, ob das gewünscht oder genehm ist – eine Scheibe Lyoner ab, die es dem Kind begleitet von wohlwollenden Bemerkungen herüberreicht. Weil die Mutter ebenso strahlt, nimmt das Kind die Scheibe entgegen, versteckt die eigene Begeisterung hinter einem nichtssagenden Gesicht und genießt dann die Lyonerscheibe mit allen Sinnen: Es betastet die Lyoner zwischen den (wahrscheinlich nicht ganz sauberen) Fingern, riecht daran, beißt Stück um Stück ab und bewegt die Lyoner noch absichtlich lange im Mundraum hin und her um jede Nuance dieses weichen, homogenen, einnehmenden Geschmacks auszukosten.

Ich unterstelle den Lyoner-Verkäuferinnen nichts außer authentischer Freundlichkeit. Und doch ist das Anfüttern von Kleinkindern mit Lyoner-Scheiben in der Rückschau eine etwas bedenkliche Form der Kundenbindung. Darüber, ob es diese Praxis heute noch gibt, liegen mir keine gesicherten Erkenntnisse vor. Wahrscheinlich nicht. Oder nur in abgelegenen Gegenden, wo man sich gut kennt. Denn selbst, wenn noch keine offizielle Regelung das Lyoner-Scheiben-Schenken verbieten sollte: Es passt einfach nicht mehr zum ausdifferenzierten Geflecht aus Essgewohnheiten, Nahrungsmittel-unverträglichkeiten und vorausschauenden Rücksichtnahmen, das unseren heutigen Alltag umspannt.

P.S.: Niemand in Lyon weiß, was Lyoner ist.

Mais

Er ist überall. Ich glaube, es gibt keine Erinnerung, bei der ich mit dem Fahrrad im Sommer durch mein Heimattal fahre, ohne dass ich an einem Maisfeld vorbeikäme. Zwischen den Dörfern, neben den Bächen, längs der Straße – früher oder später, näher oder ferner sieht man immer: Mais. Vielleicht hatte das ja etwas, so dachte ich als Kind, mit jener seltsamen Geschichte zu tun, die mir meine Oma (mütterlicherseits) erzählte: In der schlechten Zeit nach dem Krieg fragten die Amerikaner die notleidenden Deutschen, was sie denn am dringendsten benötigten: „Korn" antworteten die Deutschen und dachten an Weizen, Roggen und dergleichen in der Hoffnung, endlich mal wieder ordentlich backen zu können. Die Amerikaner aber freuten sich, dass sich die Deutschen offenbar schon bemühten, Englisch zu sprechen, verstanden „corn" – und lieferten Mais. Deswegen mussten die armen Deutschen, so meine Oma, eine Weile lang furchtbar schmeckendes Maisbrot essen. In meiner kindlichen Vorstellung hingegen klang das durchaus lecker; wie eine Art Brotversion von *corn flakes* und ich hätte zu gern einmal so ein Nachkriegsmaisbrot probiert. Das sagte ich aber meiner Oma nicht, sondern nickte betroffen, um mein Mitgefühl ob dieses furchbaren Missverständnisses zum Ausdruck zu bringen.

Der wirkliche Grund für die omnipräsenten Maisfelder in meiner Heimat sind aber nicht die Amerikaner, sondern – wie ich später erfuhr – der Fleischkonsum, der ohne Mais als Tierfutter nicht bedient werden könnte. Und so erklärt sich auch, warum man zwar viel Mais in der Landschaft, aber relativ wenig auf dem Teller sieht. – Um hier Abhilfe zu schaffen, schritten wir als Jugendliche selbst zur Tat: Wenn der Mais schon hoch stand und fast erntereif war, hielten wir an einer unbesehenen Stelle an, schmissen die Fahrräder an den Feldrand und pirschten uns zwischen den Maisreihen hinein, bis wir einen besonders schönen Kolben fanden. Den nahmen wir als Trophäe mit, entfernten die Blätter und die innen liegenden Fäden, bissen – schon längst wieder auf dem Fahrrad – beherzt in den rohen Maiskolben und freuten uns an seinem ungehobelten, faserigen Geschmack – und an unserer kleinen illegalen Vagabundentat.

Im Alltag angekommen kann die gelegentliche Bonduelle-Dose Mais zwar keine großen Gefühle mehr auslösen. Aber sie erinnert an Geschichten wie diese, und an weitere süße Momente wie den wunderbaren „Maispfannkuchen", den meine Mutter als Notfallmittagessen erfand, oder an den Mais auf der gemeinsam belegten Pizza, oder an den ersten *corn on the cob*, den man mit Butter, Salz und klebrigen Fingern genoss.

Wenn man dann selber Kinder hat, entdeckt man den Mais von neuem: Als dankbare Zutat beim Kochen für die kleinen Gourmets. Das süßliche und goldgelbe Quasi-Gemüse erfreut sich bei Kindern deutlich höherer

Popularitätswerte als beispielsweise Rosenkohl. Und so hat der Mais schon manches gemeinsame Essen gerettet, weil er als „Zünglein an der Waage" das Gekochte so gerade über die Akzeptanzschwelle der Kinder hob. Kann schon sein, dass der vermeintliche Wunsch der Kinder auch ab und an als Alibi herhalten muss für die Lust des Koches auf Mais. Solche Momente quittiert meine Frau dann mit einem charmant daher gelächelten: „Manche mögen Mais…"

Mandarinen & Orangen

Es begab sich zu der Zeit, als die Züge ins Ruhrgebiet noch am Rhein entlang fuhren, als man in den Abteilen auf braun bezogenen Sitzen saß, die man zu einer großen Liegefläche ausziehen konnte, und als sich das Zugfenster auch bei voller Fahrt jederzeit ganz öffnen ließ. In diesem Ambiente sitzen mein Bruder und ich uns gegenüber und haben als Proviant ein ganzes Netz Mandarinen dabei. Außer uns ist noch eine Dame im Abteil, die in das Buch „Wenn Frauen zu sehr lieben" vertieft ist. Ohne Rücksicht auf die Gefühle unserer Mitreisenden fingen nun mein Bruder und ich einen Wettbewerb an: Wer schafft es, sich die meisten Mandarinenstückchen in den Mund zu schieben, ohne dass eines davon angebissen oder zerquetscht wird?

Was nun folgt, ist eine seltene Kombination aus kindischer Freude am Albernsein und frühmännlichem Konkurrenzkampf. Nach und nach füllen sich die Münder mit Mandarinenstücken; die in der Folge immer lustigeren Gesichtsausdrücke führen zu einem gemeinsamen Lachanfall – der wiederum dadurch behindert wird, dass man so viele Mandarinenstücke im Mund hat. Ein herrlicher Teufelskreis! Am Ende stehen mein Bruder und ich am Fenster wie zwei bahnfahrende Schimpansen, die sich zwar vor Lachen schütteln, aber vor lauter Mandarinen doch nur ein gedämpftes Wimmern herausbekommen. Wer auch immer uns mit guter Absicht die Mandarinen mitgegeben hat: Das war sicher nicht das Ziel!

Jetzt muss ich schnell die Kurve kriegen, damit sich seriöse Leser ob so viel Schabernacks nicht kopfschüttelnd abwenden. Also noch rasch eine Reflexion: Mit den Mandarinen und Orangen ist es, wie so oft im Leben. Man kann nicht beides haben. Entweder man freut sich an den handlichen Mandarinen, die so gut zu schälen sind und deren einzelne Stücke sich problemlos voneinander lösen lassen. Dafür hat man in der Folge allerdings ein nur durchschnittliches Geschmackserlebnis. Oder man setzt ganz auf den vollmundigen, spritzig-frischen Geschmack reifer Orangen, der wohltut, erfrischt und erfreut. Dafür muss man sich aber mit einer schweren Prozedur des Schälens und Aufteilens auseinandersetzen und sitzt am Ende unweigerlich mit vollgesafteten Händen da. Ich hoffe sehr, dass die Fortschritte in der Züchtung oder gar in der Gen-Technologie diesen Gegensatz nie aufheben.

P.S.: Entspannungsübung: Von jetzt an und für den Rest Ihres Lebens Orangen mit bloßen Händen so langsam schälen, dass die Schale in einem einzigen spiralförmigen Stück ganz bleibt.

Melonen

Die nationale Identität meines Schwiegervaters erschließt sich nicht auf Anhieb. Wenn man mit ihm eine Wassermelone isst, dann wird er früher oder später lächelnd sagen: *Por una peseta, se come, se bebe y se lava la cara!* – Für eine Pesete kann man essen, trinken und sich das Gesicht waschen. Diesen Spruch haben die Melonenverkäufer im Spanien seiner Kindheit in die Menge geschrien, um ihre Ware feilzubieten. Aber ist er deswegen ein Spanier? – Daran bekommt man spätestens Zweifel, wenn man ihn über seine beruflichen Erfahrungen in Spanien (besser gesagt: in Kastilien) reden hört. Es fällt dabei kein böses Wort und man nimmt ihm gerne ab, dass sich alles genau so zugetragen hat. Aber man spürt doch in jedem Satz eine unüberbrückbare Distanz. – Wenn dann das Telefon klingelt und er lauterfreut einen Verwandten begrüßt, merkt man: Das ist kein Spanisch. Das ist Katalanisch. Er ist ein Katalane, der Barcelona und ein kleines Dorf im Hinterland seine Heimat nennt. – Aber dann erzählt er, dass er als „Joseph Harder" geboren wurde, was weder spanisch noch katalanisch, sondern ziemlich deutsch klingt. Ja, was denn jetzt?

Ich löse dieses Melonenrätsel nicht auf, sondern lasse es genussvoll stehen. Es ist für mich ein weiterer Beweis dafür, dass es in Europa keine Nationen gibt. Es gibt nur Menschen. Und Menschen wandern. Aus unterschiedlichen Gründen; politischen, wirtschaftlichen oder auch gesundheitlichen. Und wenn sie woanders angekommen sind, als sie herkamen, dann schlagen sie sich durch, lernen die Sprache, fangen an zu arbeiten, verlieben sich. Und wenn sie dann selber Kinder haben, die in der neuen Heimat geboren wurden und auf dem Randstein sitzend ein Melonenstück essen, dann wissen diese Kinder, dass es noch eine andere Heimat gibt. Und später suchen sie dort ihr Glück, weil sie es zuhause nicht finden, und verlieben sich aufs Neue, gründen eine Familie und leben als Neuankömmlinge genau dort, wo sie ursprünglich einmal herkamen. Die Wassermelone muss man jetzt in Mark und nicht mehr in Peseten bezahlen und sie schmeckt nicht annähernd so gut, wie damals. Und doch sitzt Joseph Harder in einem Schwarzwaldhaus, unweit vom Geburtsort seines Vaters, beißt in die Wassermelone und sieht jenseits des Regens, der draußen an die Scheibe prasselt, die helle Sonne im Gesicht des Verkäufers, der unablässig ruft: *Por una peseta, se come, se bebe y se lava la cara.*

Milch

„Alles andere schmeckt nur nass!" – Mit diesem Slogan hat die EU vor einigen Jahren für stärkeren Milchkonsum geworben. Wahrscheinlich war irgendwo wieder ein Milchsee übergelaufen. Ich muss sagen: Chapeau! Dieser Spruch bringt es genau auf den Punkt. Da haben die Kreativen in der Werbeagentur ganze Arbeit geleistet. Milch verfügt tatsächlich über einen besonderen Charakter, über eine zusätzliche Geschmacksebene, die allen anderen Getränken fehlt und die diese im Vergleich als „nur nass" erscheinen lässt. Woran liegt das? Es muss etwas mit dem tierischen Ursprung, mit der Körperlichkeit der Milch zu tun haben. Milch ist das älteste Getränk der Welt. Sie gibt es ziemlich genau seit dem Moment, als die Evolution sich Säugetiere einfallen ließ. Sie ist älter als die Menschheit und wenn wir Milch trinken, nehmen wir Verbindung auf zu einem Lebensprinzip, das uns seit Urzeiten begleitet. Als Milchtrinker reihen wir uns ein in eine schier unendliche Abfolge von Lebewesen; wir bekennen uns unbewusst zu unserer tierischen Herkunft und zu unserer Einbindung in die Schöpfung.

Ja, man kann das auch weniger poetisch sehen. Vierjährige sind regelmäßig zutiefst empört, wenn sie verstehen, dass wir Menschen die Milch den Kühen „wegnehmen". Als Erwachsener weiß man dann nicht so recht, wie man dieses diebische Verhalten verteidigen soll – und besticht die kleinen Kritiker mit einem extra Löffel Kakaopulver. Trösten wir uns vorläufig damit, dass die Menschheit einige deutlich schlimmere Ideen umgesetzt hat, als Kuhmilch zu trinken.

Seit einiger Zeit macht mir zudem eine neue Fundamentalkritik am Milchkonsum aus einer ganz anderen Richtung zu schaffen: Auf allen Kanälen will man mir weiß machen, dass ich in meinem Alter Milch überhaupt nicht mehr vertrage, dass mein Körper nicht darauf ausgelegt ist, weiterhin Milch zu trinken, dass mir irgendein Enzym fehlt oder dass ich ein anderes zu viel habe, wie auch immer. Diese Kritik – wissenschaftlich fundiert und keinen Widerspruch duldend vorgetragen – lässt mich ratlos zurück, weil ich sie im Rahmen meines lebenslangen Selbstversuchs so gar nicht bestätigen kann. Wie eh und je schmeckt mir Milch vorzüglich, sie tut mir gut, ja, sie macht mich glücklich. Ein Becher kalte Milch vermag ein ganzes Arsenal an positiven Gefühlen in mir auszulösen – meinen Durst löschen, mich erfrischen, mich beruhigen, mich ausgleichen, mich heilen. Was auch immer der Tag an Freude oder Sorgen brachte, die Milch am Abend beschließt ihn. Milch ist mein heimliches Nachtgebet. Und auch wenn an der Enyzm-Geschichte etwas dran sein sollte: Noch tut mir die Milch seelisch viel zu gut, als dass sie meiner Verdauung schaden könnte.

Auch wenn man die Menschheits- und Evolutionsgeschichte einmal außen vor lässt: Milch war immer da. Zunächst als Muttermilch, was zwar vor der Schranke der Erinnerung liegt, aber eventuell doch in uns nachschwingt. – Ich erinnere mich dankbar an das Schulmilchprogramm, das mir bis zum Ende der Unterstufe in der Großen Pause einen ¼-Liter Milch oder Schoki (wie es bei uns heißt) in einer extra kleinen Tetrapackung bescherte. Als wir dann in der 11. Klasse waren, haben wir uns mehr aus Spaß und Ironie wieder beim Schulmilchprogramm angemeldet; wahrscheinlich mit dem Ziel, Widerspruch zu provozieren. Aber man ließ uns gewähren. Also stellten wir uns gemeinsam mit den etwas verwirrten Fünft- und Sechstklässlern an, um in einem Abstellraum im Keller des Schulzentrums die Milch aus der Hand des Hausmeisters zu erhalten und dann lässig auf einen ausrangierten Stuhl gefläzt zu genießen.

Als Kind führten mich Urlaubsreisen häufiger nach England (mein Vater ist Anglist). Was für ein magischer Moment, wenn man morgens vor die Haustür schaut und sieht, dass die Geschichte vom *milk man* wahr ist. Er ist tatsächlich in den frühen Morgenstunden gekommen und hat die bestellte Anzahl an Glasflaschen mit Milch vor das Haus gestellt. Bis ich es mit eigenen Augen gesehen hatte, dachte ich, der *milk man* sei der kleine Bruder des Nikolaus und genauso ein Produkt der freundlich-elterlichen Phantasie. Aber nein, die Milch stand da vor der Tür und wenn man sie begierig in der Küche öffnete, erwartete einen eine Schicht von Rahm, die man genussvoll absuppeln konnte.

Das wahrscheinlich rührendste Abschiedsgeschenk meines Lebens war ein überdimensioniert großer blauer Becher. Als ich nach einem Jahr die Pädagogische Hochschule Győr in Ungarn wieder verließ, bekam ich ihn von meinen Studentinnen überreicht. Im ersten Moment habe ich die Bedeutung nicht ganz verstanden und etwas ratlos in die Runde geschaut. „Na, für die Milch am Abend…" erklärten die Studentinnen lachend. Ich hatte völlig vergessen, dass ich in irgendeiner Konversationsstunde meine Milchpassion ausgeplaudert hatte. Sie hatten es sich gemerkt und mir ein wunderbar persönliches und wohlwollendes Geschenk gemacht. Nach gefühlten 18 Umzügen weiß ich nicht, wo dieser

Becher jetzt gerade steckt. Muss mal suchen gehen. Und eine Milch daraus trinken.

P.S: Der kleine Junge steht am Eingang des Kuhstalls. Er hält sich etwas abseits. Die großen Kühe und der geschäftige Bauer flößen ihm Respekt ein. Also schaut er sich alles aus ein paar Metern Entfernung an. Außerdem hat er einen ganz besonderen Platz ergattert: direkt neben dem Sack mit dem Milchpulver für die Kälber. Alle paar Sekunden führt er den feuchten Finger in den Sack, zieht ihn rasch wieder raus und leckt das süßlich-wunderbare Milchpulver ab. So fühlt er sich wohl und fühlt sich eins mit dem Bauern, den Kühen, dem Milchpulver und der ganzen Welt.

Nudeln

Es gibt so etwas wie ein eigenes Nudel-Gefühl, ein *pasta feeling*, das man mit herkömmlichen Gefühlsausdrücken nicht treffend beschreiben kann. Im Zentrum dieses Gefühls steht etwas, das man vielleicht „Festlichkeit im Alltag" nennen könnte. Nudeln sind immer ein kleines Fest, egal wie unscheinbar oder beiläufig sie daher kommen. Die Freude, dass wir dieses Fest mitten in unseren alltäglichen Lebensumständen feiern können, ist die Tür, durch die man zum Nudel-Gefühl gelangt. Drum herum gruppieren sich dann noch weitere Empfindungen: Lebensfreude, wenn die richtige Bissfestigkeit erreicht wurde oder wenn man die Spaghetti lustvoll auf die Gabel zwirbelt. Gemeinschaft, wenn man im Familien- oder Freundeskreis die Nudeln auftischt. Und ganz einfach Genuss, wenn man das Zusammenspiel von Nudeln und Soße durch eine Prise Parmesan oder eine Drehung aus der Pfeffermühle vervollkommnen kann.

Der Versuch, alle Nudelvariationen, die mir erinnerlich sind, aufzuführen, muss scheitern. Ich kann nur eine kleine repräsentative Auswahl erwähnen. Die Lesererwartung schubst mich jetzt recht deutlich hin zu den vielen schönen italienischen Nudelnamen, die wir in den Regalen finden. Aber um der Abwechslung willen und aus Respekt vor den Mitbewohnern in meinem Bundesland richte ich den Blick nach Schwaben: Käsespätzle! – Ich habe einmal in einer Stuttgarter Gaststätte frisch zubereitete Käsespätzle gegessen, die waren so köstlich, dass ich vor Schreck nie wieder dorthin gegangen bin. Ohne diese drastische Maßnahme wäre ich den Käsespätzle verfallen – mit unabsehbaren Folgen für meinen Bauchumfang und (umgekehrt proportional) meine Lebenserwartung. Diese Käsespätzle waren nicht nur mächtig, sie hatten Macht über mich erlangt, mit den frisch ins heiße Wasser gepressten Nudeln (wofür die Schwaben ein Gerät benutzen, das aussieht wie eine Knoblauchpresse für Riesen), mit den geschmelzten Zwiebeln, dem Schuss Sahne und dem weich werdenden Käse. – Nie wieder!

Stattdessen halte ich mich an die andere Nudelkreation aus Schwaben: Maultauschen, die vor Ort auch gerne leicht näselnd als „Maultäschle" verharmlost werden. Maultauschen sind wie ein Spiegel: Die Vielfalt der unterschiedlichen Füllungen spiegelt sich in der Vielfalt der möglichen Soßen oder sonstigen Zutaten und Garnituren, mit denen man die Maultaschen verzieren kann. Dieses Prinzip des gespiegelten Genusses teilen sich die Maultaschen mit allen anderen gefüllten Nudeln Europas, ob es nun Tortellini, Ravioli oder Piroggen sind.

Doch ob gefüllt oder nicht, jedes Nudelgericht steht auf zwei Beinen: auf den eigentlichen Nudeln und auf der Soße oder Zubereitungsart. Das Schöne daran: die gängigen Klassiker, ob Napoli, Bolognese oder Carbonara, sind nur Fixpunkte in einem riesigen

Kontinuum, das uns in der heimischen Küche offen steht. Man sollte daher ein Nudelgericht nicht zu genau planen, sondern sich von den Zutaten leiten lassen, die man vorfindet. Meine Familie kennt das schon und kommt mit einer gewissen inneren Anspannung zu Tisch, wenn ich Nudeln koche. Man weiß schließlich nie, was sich alles in der Soße befindet. Ich gebe zu, dass der Anblick des Spinats in der Bolognese-Soße neulich wenig reizvoll war. Aber das hat die raffinierte Würzung wieder wett gemacht, gell?

Ich schließe mit einem kommerziellen Massenprodukt, welches jedoch einen besonderen Platz in meiner Erinnerung einnimmt: Spaghetti Miracoli. Die Werbeleute haben das schon ganz gut getroffen, mit den Bildern der fröhlichen Mehrgenerationenfamilie, die sich am „Miracoli-Tag" strahlend um den Spaghetti-Topf schart. Als Kinder haben wir die Spaghetti Miracoli geliebt, weil sie nicht nur gut schmeckten, sondern es einem durch die bereitliegenden Zutaten einfach machten, sich als kleiner Koch zu fühlen. Unsere Oma wusste das und hatte immer eine Packung Miracoli parat, wenn wir sie im fernen Ruhrgebiet besuchen kamen. Als sie dann am Ende schwer krank in die Klinik musste, ahnte sie, dass sie wohl nicht mehr in ihre Wohnung zurückkehren würde. Also hat sie alles ordentlich hinterlassen und kleine Hinweise platziert: ein aufgeschlagenes Buch mit einem Abschiedsgedicht, eine Flasche Likör für die Erwachsenen, und für uns Kinder natürlich eine Packung Miracoli. Nach ihrem Tod fanden wir uns verstört in ihrer leeren Wohnung wieder und haben mit Tränen in den Augen die Spaghetti Miracoli gekocht. Auf mein unsicher daher gesagtes „Wenn die Oma uns jetzt sehen könnte…" entgegnete mein Bruder mit fester Stimme: „Das tut sie."

Pfannkuchen

In Berlin sagt man Pfannkuchen zum Berliner und zum Pfannkuchen sagt man deshalb Eierkuchen. Nicht verstanden? Nochmal lesen. – Ich erwähne das auch nur, weil meine Großmutter (väterlicherseits), die die besten Pfannkuchen der Welt buk, diese wegen ihrer Berliner Herkunft Eierkuchen nannte.

Ich will nicht missverstanden werden: Es liegt mir fern, die Erinnerungen an meine Oma und meine Beziehung zu ihr auf das Thema Pfannkuchen zu reduzieren. Sie hat von 1914 bis 2013 gelebt. Als Kind habe ich sie eher als streng wahrgenommen. Später habe ich verstanden, dass aus dieser Strenge vor allem die Sorge sprach, die sie empfand, wenn sie für uns Kinder verantwortlich war. Im hohen Alter gingen von ihr ein so großes Wohlwollen und ein Güte aus, die einen tragen konnten. Wenn sie von früheren Zeiten erzählte, als wäre es gestern, konnte man kaum glauben, was für Veränderungen sich innerhalb eines Menschenlebens abspielen können. Als ich am 1. Januar 2002 wahrlich ergriffen die ersten Euro-Scheine in der Hand hielt, meinte meine Oma nur, dass dies nun die achte Währungsumstellung sei, die sie erlebe.

Ihre Pfannkuchen – die sind vor diesem Hintergrund natürlich nur ein Detail. Aber auch ein Symbol, ein Anker der Erinnerung. Wenn sie uns Pfannkuchen machte, dann war das für uns nie nur ein Gericht. Es war immer ein besonderer Anlass, ein kleine Feier. Und es ging uns dabei nie nur um das leckere Essen, sondern immer auch um das Zusammensein und die Gemeinschaft mit dieser wunderbaren Frau.

Werden wir konkret: Das Geheimnis ihrer Pfannkuchen bestand darin, dass sie bei der Zubereitung zunächst Eigelb und Eiweiß trennte. Das Eigelb verwendete sie zum Anrühren des Basisteigs. Aus dem Eiweiß hingegen schlug sie Eischnee. Diesen wiederum hob sie, kurz bevor der Teig in die Pfanne kam, vorsichtig in der ursprünglichen Teigmasse unter. Dadurch erhielten die Pfannkuchen eine einzigartige Luftigkeit und Dicke. Sie waren bis zu drei Zentimeter dick und ein Stück davon füllte den Mundraum angenehm aus. Diesen Genuss konnte man nur noch dadurch steigern, dass Apfelstücke in das frische Teigbett in der Pfanne eingelegt wurden, bis sie ganz verschwanden. Ich glaube, diese Apfelpfannkuchen bestreute man vor dem Verzehr mit Zucker und Zimt. Wenn unsere Oma dann sah, wie sehr es uns schmeckte, drehte sie sich zufrieden wieder der Pfanne zu und sagte: „Ich glaube, ich mache noch einen."

Ich will nun der Versuchung widerstehen, die voluminösen Pfannkuchen meiner Oma gegen die papierdünnen Crêpes auszuspielen, die es in Frankreich und auf den Jahrmärkten unseres Landes gibt. Das wäre ein völlig falscher Gegensatz. Vielmehr ist es doch so, dass sich hinter diesen unterschiedlichen Erscheinungsformen eine Art europäisches Nationalgericht verbirgt, welches es in sehr vielen Ländern unseres Kontinents gibt – jeweils mit eigenen Besonderheiten und Abweichungen. Das Europa der Pfannkuchen ist in Vielfalt geeint: In Frankreich also süße Crêpes und herzhafte Galettes (aus Buchweizenmehl), die man in einer bretonischen Crêperie zu einer kühlen Flasche Cidre genießt. In Deutschland die Pfannkuchen meiner Oma, oder auch die einfachere Variante ohne Eischnee, gerne auch als kräftige Speckpfannkuchen. In Ungarn gab es zu meiner Zeit im Speisewagen frisch gemacht *palacsinta* mit Aprikosenkonfitüre. In Rumänien *clatite cu branza* – Pfannkuchen mit Quarkfüllung. In Russland gibt es Bliny. In den Niederlanden haben sie eine eigene Backform für die kleinen Poffertjes erfunden, die man am Strand mit Puderzucker bestreut kaufen kann. Und so können wir Europäer – frei nach Brecht – über unser jeweiliges Pfannkuchengericht sagen: „und das liebste mag's uns scheinen. So wie andern Völkern ihrs."

P.S.: Wer in der Freiburger Gegend unterwegs ist, muss eine Wanderung in das urige Ausflugslokal St. Valentin unternehmen: phantastische Pfannkuchen!

Picknick

Die Statistik spricht eine traurige Sprache: 93 % aller Hochzeitspaare bekommen einen Picknick-Koffer zur Vermählung geschenkt. Und 87 % dieser Paare werden ihn nie benutzen. – Diese Zahlen sind zwar frei erfunden. Aber vor dem Hintergrund jahrzehntelang gesammelter *anecdotal evidence* sind sie doch plausibel. Wie ist diese Sachlage zu deuten? – Man kommt, wie mir scheint, um die Feststellung nicht herum, dass der Picknickkorb gar nicht die Bestimmung hat, als solcher verwendet zu werden. Vielmehr bringen die Hochzeitsgäste durch dieses Geschenk eine Reihe von Dingen zum Ausdruck, die sie dem jungen (oder älteren) Paar wünschen: genügend Zeit und Muße für Ausflüge, ungestörte Zweisamkeit, besondere Naturerlebnisse, Genussfähigkeit und Sinn für das Schöne im Leben… All dies kann man aus dem Picknickkorb herauslesen und somit wird er zu einer sehr großen und sperrigen Glückwunschkarte. Sein Inhalt erfüllt zwar keinen konkreten Zweck, gehört aber mit zum Überbringen dieser Wünsche hinzu.

Man könnte es bei dieser versöhnlichen Interpretation belassen. Alle könnten damit gut leben. – Man kann sich aber auch aufraffen und in den Keller hinabsteigen. Dort, irgendwo zwischen Werkzeug, ungeöffneten Umzugskisten und längst aus der Mode gekommenen

Sportgeräten liegt er: der Picknickkoffer im Dornröschenschlaf. Noch eine Sekunde überlegen wir, ob wir ihn wirklich stören wollen. Doch dann ziehen wir ihn heraus. Jetzt muss man unbedingt dranbleiben, weil noch viele keine Schritte zwischen uns und dem Picknick stehen: Wir müssen den Picknickkorb hochholen und seinen Inhalt begutachten, sicher auch das ein oder andere vorsichtshalber noch einmal abwischen. Dann müssen wir ihn bestücken mit den Speisen, die wir dabei haben wollen. Fehlendes müssen wir unterwegs einkaufen und natürlich den Kaffee in der Thermoskanne oder – je nach Tageszeit – die Flasche Wein nicht vergessen. Der schwierigste Teil ist die Entscheidung, wo man picknicken möchte: Wanderkarten werden studiert und Erinnerungen hervorgekramt, Für und Wider abgewogen. Transportfragen müssen geklärt und die Abfahrbereitschaft der voraussichtlichen Teilnehmenden überprüft werden. – Wenn wir dann endlich dort sind, ist es hoffentlich ein perfekter Picknickplatz: Auf einer leichten Anhöhe mit Aussicht; in der Natur aber in Sichtweite von bewohnten Gebieten; abgelegen, aber nicht einsam; mit Picknicktischen und eventuell ein paar Spielgeräten, die man spaßeshalber ausprobieren kann; sonnig und schattig zugleich. Ja, es hat sich gelohnt und das Picknick schmeckt noch besser, wenn man weiß, dass man zur Minderheit der 13 % aller Hochzeitspaare gehört, die ihren Picknickkorb benutzen und damit auch mit großer Wahrscheinlichkeit ihr Scheidungsrisiko um ein paar Promille reduzieren.

Pilze

Kennen Sie das blöde Gefühl, wenn man Ihnen von einer sehr starken und tief empfundenen Leidenschaft berichtet, die Sie so gar nicht nachvollziehen können? – So geht es mir mit Pilzen, beziehungsweise mit dem Pilze-Sammeln. Wenn wir zur entsprechenden Jahreszeit mit dem Auto durch den Südschwarzwald fahren und meine Frau einen essbaren Pilz am Wegesrand sieht, dann schreit sie in einem Tonfall „Halt!", als wäre ich gerade dabei, ihren Erstgeborenen zu überfahren. Und wenn man von meiner Schwiegermutter sagt, sie sei „in den Pilzen", dann ist damit eine Art Trance gemeint, eine Mischung aus tiefer Versenkung und hellster Aufmerksamkeit, mit der sie bei einem Naturvolk ohne Zweifel zur Schamanin aufsteigen könnte.

Wenn die beiden aus der Bewusstseinsebene des Pilze-Sammelns wieder ins Diesseits zurückkehren, dann werden die gefundenen Stücke auf dem Esstisch zur Schau gestellt und alle anwesenden Familienmitglieder müssen einzeln kommen und den Pilzen ihre Reverenz erweisen. Die Pilzsammlerinnen geben dann bereitwillig Auskunft über die Fundgegend (der genaue Fundort bleibt geheim), die Hanglage, die bisherigen Funde in diesem Gebiet, über den Blickwinkel, aus dem sie den Pilz zuerst wahrgenommen haben und über die Stellung, die sie einnehmen mussten, um ihn zu schneiden – all dies mit Gesten und Haltungen untermalt, die das Verständnis erleichtern. Alle Anwesenden empfinden Ehrfurcht vor der Hartnäckigkeit und dem Geschick der Sammlerinnen, Dankbarkeit für die Gaben des Waldgottes – und eine helle Freude, dass uns dieses Mal die Schweizer Tagestouristen nicht zuvor gekommen sind.

Wer aus den beiden bisherigen Absätzen einen spöttischen Unterton heraushören konnte, der sei ganz beruhigt: Aller Spott verstummt, wenn die frischen Pilze serviert werden. Sie kommen direkt aus der heißen Pfanne auf den Teller, wurden in Butter geschwenkt, mit Salz und Pfeffer abgeschmeckt. Mit etwas Glück gibt es

Spätzle dazu. Was man dann vor sich hat, ist ein Phänomen, für das das Wort „Aroma" erfunden worden zu sein scheint. Jede Gabel ist ein leicht variiertes Erlebnis, ein Genuss, für den man eins werden möchte mit dem Wald, der diese Köstlichkeiten hervorgebracht hat. Man neidet es den Bäumen, dass sie so nah an den Pilzen stehen dürfen. Mein kleiner Favorit dabei ist der Reizker – mit seinem schelmischen Namen und seiner provokanten Röte.

Doch weil ich mit diesem Buch einen konsequent elitenkritischen Ansatz verfolge, will ich nicht den Eindruck erwecken, dass man nur mit selbstgepflückten Wildpilzen aus dem Schwarzwald glücklich werden kann. Auch eine Schale gewöhnlich bräunlicher Champignons bietet vielfältige Genüsse. Man kann damit ein deftiges Pilzrisotto zaubern. Man kann einen Salat um die Pilzscheiben herum kreieren. Man kann eine Pizza damit belegen. Man kann sie einfach mit etwas Olivenöl und Pfeffern genießen. Und man kann sie sogar in Ei und Mehl wälzen, um sie anschließend zu frittieren (Das nennt man in Ungarn „*rántott gombafejek*" – gebackene Pilzköpfe). In jedem Fall sollte man beim Pilzgenuss aber kurz die Augen schließen und auf eine kleine Fantasiereise ins feuchte Unterholz gehen, wo die tapferen Pilzsammlerinnen ihr Glück (ver)suchen.

Pizza

Ich erinnere mich an Zeiten, da konnte man sich einfach dazu entschließen, eine Nacht durchzumachen, ohne dass das einen partiellen Kontrollverlust und mehrtägige Beeinträchtigungen des Allgemeinbefindens nach sich gezogen hätte. So war es auch an jenem Sommerabend, als meine jetzige Frau und ich unsere erste Pizza zusammen belegt haben. Wir konnten uns in den folgenden Stunden nie dafür entscheiden, auseinander zu gehen, haben mit dem Fahrrad verschiedene Orte angesteuert, geredet, herumgealbert – und uns im Morgengrauen flüchtig geküsst. – Gut, man muss das Zusammenspiel der Ereignisse an jenem Abend nicht überinterpretieren. Vielleicht wären wir auch nach einem gemeinsamen Spaghetti-Essen zusammen gekommen. Aber irgendwie ist es doch stimmig, dass mein unangefochtenes Lieblingsgericht und mein unangefochtener Lieblingsmensch in diesem Schlüsselmoment des Lebens gemeinsam auftraten.

Ist es eigentlich schlimm, wenn man als Mittvierziger noch das gleiche Lieblingsgericht hat wie als Achtjähriger? Muss ich mich dafür rechtfertigen? Sollte ich diese Tatsache hinter irgendwelchen ablenkenden Betrachtungen verstecken? – Nein. Pizza ist einfach der Hit. Kein anderes Gericht hält eine so ideale Balance zwischen Wiederholung und Abwechslung – *repetition and change* – wie die Pizza. Da ist zunächst das dreieinige Grundrezept: der Teig, die Tomaten(soße) und der Käse. Der Teig gibt einem Halt und Substanz. Die Tomatensoße schenkt der Pizza Spritzigkeit und Würze. Und der Käse verleiht dem Ganzen Reichtum und Eleganz. Wenn man dann in so eine Pizza beißt, fühlt es sich an, wie ein genialer Spielzug beim Volleyball: Der Teig wirft den Ball hoch, die Tomaten spielen ihn gekonnt weiter und der Käse versenkt ihn lässig hinter dem gegnerischen Netz. Perfekt.

Für viele Pizza-Liebhaber – und vor allem für die jüngeren unter ihnen – braucht es gar nicht unbedingt mehr. Eine derartige Pizza Margherita ist für sie bereits der vollkommene und reine Pizza-Genuss. Alles Weitere würde nur stören. Gerade Kinder können mit herrlicher Selbstverständlichkeit eine üppig belegte Pizza von allem Schnickschnack befreien, bis die geliebte Margherita zum

Vorschein kommt. Übrigens: Was hätte wohl die echte Margherita – Königin von Italien am Ende des 19. Jahrhunderts – gesagt, wenn man ihr prophezeit hätte, dass ihr Name einst in abertausenden Speisekarten auf der ganzen Welt stehen wird? Welcher Herrscher, welche Herrscherin kann sich einer solch umfassenden Huldigung rühmen?

Ich kann die Margherita-Puristen verstehen. Und ich denke gerne an die Zeiten, als wir unseren Hunger auf die Welt mit einer Margherita für 4 Mark aus der kleinen Pizzeria am Rande der Innenstadt stillten. Aber der immerwährenden Einladung, eine Pizza nach Lust und Laune zu belegen oder eben doch die *Pizza della Casa* zu bestellen, kann man irgendwann nicht mehr widerstehen. Zu verlockend sind die Kreativität, die Vielfalt und der Genuss, die in den zahllosen Pizza-Varianten stecken.

Vielfalt ist ein Phänomen, das an mehreren Stellen dieses Buches gelobt wird. Aber die Pizza bietet einen einzigartigen Zugang zu dieser Vielfalt: Sie schafft eine Bühne. Die runde Fläche der Pizza erinnert an das Zentrum eines römischen Theaters. Die reihum gruppierten Zuschauer können beobachten, wie sich auf der roten Bühne die einzelnen Zutaten einfinden, wie sie sich zueinander aufstellen und miteinander in Austausch treten. Ja, eine gut belegte Pizza ist wie ein Theaterstück. Somit wird auch klar, warum die Pizza in Italien erfunden werden musste: Sie ist die Fortsetzung des antiken Schauspiels mit kulinarischen Mitteln. Und deshalb wirkt die Vielfalt an Pizzasorten irgendwie dynamischer und belebter als die Vielfalt anderer Gerichte.

Wir selber – wenn wir eine Pizza belegen – werden zu Regisseuren. Wir wählen die Charaktere aus, die zum Einsatz kommen und überlegen in welchem Mengenverhältnis und welcher Anordnung wir sie spielen lassen. Manchmal führen wir Klassiker auf – wie die *Quattro Stagioni* oder die *Cappricciosa* – und manchmal experimentieren wir mit neuen Ausdrucksformen. Anders als beim echten Theater sind Pizza-Regisseure aber keine selbstherrlichen Alphatiere. Eine tolle Pizza entsteht im besten Fall aus den Händen eines Regieteams, zu dem gute Freunde, die eigenen Kinder, die Gäste eines Kindergeburtstags (wenn das geplante Outdoor-Programm ins Wasser fällt) oder auch der Partner fürs Leben gehören können. Applaus!

Übrigens: Dass die Deutschen heute Europäer sind, ist sicher zum Teil der Pizzeria am Eck zu verdanken. Dieser „Lernort", der seit den 70er Jahren zum festen Inventar unserer urbanen Landschaften gehört, hat uns einige Kompetenzen beigebracht, die man zur erfolgreichen Teilnahme an der europäischen Integration benötigt: Zunächst die wichtige Erkenntnis, dass anderen Nationen uns Deutschen in manchen Lebensbereichen schlicht und einfach überlegen sind. Dann die Einsicht, dass der sich im Pizzeriabesuch manifestierende Müßiggang nicht notwendigerweise ins Elend führt. Und schließlich die Bereitschaft, einen Teil der eigenen Souveränität an andere abzugeben – in diesem Fall an den italienischen Kellner. Es gehört nun einmal zu den Spielregeln in der Pizzeria, dass man den Empfehlungen des Kellners Folge zu leisten hat, auch wenn er nicht in Deutschland geboren wurde, und dass man seinen italienischen Ausführungen nickend zustimmt, auch wenn man nichts verstanden hat. Wer das geschafft hat (und dafür köstlich belohnt wurde), ist von Rückfällen ins Deutsch-Nationale geheilt und fortan bereit, mit Europäern aller Länder in einen für alle nützlichen Waren- und Gedankenaustausch zu treten.

Pommes frites

Der Sand unter den Füßen ist heiß, dort wo die Sonne lange hin geschienen hat. Aber nur an der Oberfläche, denn wenn man den Fuß aufsetzt und leicht einsinkt, dringt man sofort in kühlere Sandschichten vor. Ein paar Meter weiter, im Schatten eines Strandkorbs, ist der Sand plötzlich überraschend kühl – nur um zwei Schritte weiter wieder regelrecht zu brennen. Und so ist der Weg über den Strand ein Wechselspiel der Gefühle, eine Herausforderung für die kleinen Fußsohlen. Aber das stört den jungen Strandwanderer nicht und er geht zielstrebig weiter. Mit zwei Mark in der Hand. Direkt zur Pommesbude.

Wir befinden uns an der Kieler Förde, in einem beliebigen Sommer Ende der 70er Jahre. Wir befinden uns am Beginn einer großen Leidenschaft zwischen dem Autor dieser Zeilen und den Pommes frites, die er gleich begleitet von Strandgewimmel, Möwengeschrei und dem Anblick großer Schiffe, die die Förde verlassen, genießen wird. Es findet in dieser Zeit eine Kodierung statt, die mich immer noch begleitet: Pommes bedeuten Freiheit! – Die Freiheit, die elterliche oder großmütterliche Aufsicht zu verlassen, und selbstständig loszuziehen. Die Freiheit, sich einen Genuss zu gönnen, den man eben nur hier und nicht in der heimischen Küche erwarten kann. Auch heute noch schwingt bei meinen (wirklich nicht sehr häufigen) Besuchen einer Pommesbude dieses Gefühl der Evasion mit. Eine Tüte Pommes ist eine Unterbrechung des normalen Lebensrhythmus und eine kleine Flucht von den Konventionen, die uns sagen, was man wo und wie zu essen hat.

Meine Schwäche für die kleinen frittierten Kartoffelstangen wurde nochmals auf eine höhere Stufe gehoben, als ich als Austauschstudent sieben Monate in

94

Belgien verbringen durfte. – Belgien! Wie soll man dieses Land bezogen auf Pommes frites nennen? El Dorado? Nirwana? – Gut, es gibt auch dort Qualitätsschwankungen von einer *Friterie / Frituur* zur anderen. Aber das Prinzip, dass man Pommes aus frischen Kartoffeln herstellt und zweimal frittiert – einmal zum Vorgaren und einmal zum Knusprigwerden kurz vor dem Verkauf – ist dort zum Glück noch sehr weit verbreitet. Es gibt in Belgien einen sympathischen Kult um die Pommes, der sich in allen möglichen Publikationen und Devotionalien niederschlägt. Und es gibt die edelste Pommesbude der Welt: Auf der *Place Jourdan* gleich hinter dem Europaviertel in Brüssel. Die *Maison Antoine*, die dort schon seit den 40er Jahren Pommes verkauft, war schon lange keine einfache Pommesbude mehr, sondern ein massives und mit Marmorplatten versehenes Gebäude; ein kleiner Tempel. Als ich das letzte Mal dort war, wurde gerade eine komplett neue Heimstatt für die Pommes gebaut; eine elegante und sehr großzügige Holzkonstruktion. Die Pommes dort sind so beliebt, dass man die Stoßzeiten meiden muss, wenn man zum Zuge kommen will. Die Kneipen um den Platz herum verkünden allesamt mit großen Lettern: *Frites bienvenus! – Frieten welkom! – Fries welcome!* – Ohne dieses Zugeständnis würden sie sich um einen großen Teil ihrer Klientel bringen.

Und dann sind da noch die Soßen. Es ist wirklich traurig, dass man dieses Thema in Deutschland auf eine binäre Auswahl verkürzt – Ketchup oder Mayo. In Belgien kann man zwischen einem Dutzend Pommessoßen wählen, die Namen tragen, wie aus einem Abenteuerroman: *Andalouse, Samouraï, Américaine, Piri-piri, Zigeuner* (was man „Sichöner" ausspricht). Die beste von allen aber ist die edle Vierpfeffersoße – *Sauce Quatre Poivres*. Essen sie eine kleine Portion Pommes von der *Place Jourdan* mit dieser Soße und einem kühlen Bier – und sie werden sich nie wieder über Belgien oder Brüssel lustig machen!

Halten wir also fest: Pommes schmecken nicht nur lecker, sie sind auch eine kleine Auszeit vom Alltag und eine kleine Revolte gegen die (sicher richtigen) Vorstellungen von gutem Essen, denen wir uns unterworfen haben. Damit dieser Effekt aber auch funktioniert, darf man Pommes nicht zu oft essen. Lieber ein paar Mal in der Kantine, im Restaurant oder im Supermarkt auf Pommes verzichten – dafür aber bei einer guten Gelegenheit eine Pommesbude ansteuern und mit dreifachem Genuss und fern aller bewertenden Augen das Hochamt feiern, das auf den kleinen Jungen am Ostseestrand zurückgeht.

Proviant

Erst der Proviant macht den Fahrgast zum Reisenden. Warum? Weil sich durch das Zusammenstellen und Genießen des Proviants das Verhältnis zur angetretenen Reise vollkommen ändert. Der Geschäftsreisende oder Berufspendler schnappt sich hastig irgendetwas am Bahnhofskiosk, um seinen Hunger zu stillen, ist aber in Gedanken (und mit dem Handy) schon längst wieder bei der Arbeit oder beim nächsten Termin. Der Reisende mit seinem Proviant hingegen verlegt für eine Weile seinen Lebensmittelpunkt in den Zug. (Ich bleibe beim Beispiel der Bahnreise, auch wenn man Proviant natürlich auf vielerlei Fortbewegungsarten mitnehmen kann.) Er hat sich schon ein-zwei Tage vorher Gedanken darüber gemacht, was er mitnimmt, wo er es kauft und welche Behältnisse er zusammenstellen muss. Dadurch fing seine Seele schon früher an zu reisen und ist beim Einstieg in den Zug ganz offen und bereit für die Fahrt und das

Unterwegs-Sein. Halten wir fest: Proviant im eigentlichen Sinne kann man nicht spontan unterwegs kaufen, man muss ihn daheim vorbereiten, damit er seine Wirkung entfalten kann.

Proviant entsteht immer in einem Spannungsfeld: Man möchte einerseits leckere und vielfältige Speisen und Getränke dabei haben. Andererseits müssen die Zwänge der Reise mit bedacht werden: Der Proviant darf nicht zu schwer sein; er darf nicht unterwegs auslaufen, verschmieren, zermatscht werden oder anderswie leiden – und er soll unkompliziert und ohne Zumutungen den anderen Reisenden gegenüber verspeist werden können. Es gibt daher zahlreiche Lebensmittel, die sich eher zum Proviant eignen als anderen. Und es gibt ein ganzes Arsenal an Behältern und Hilfsmitteln, die das Proviant-Abenteuer erleichtern.

Packen wir also eine imaginäre Provianttasche für eine Tagesreise in einem nicht zu schnell fahrenden Zug. Als erstes brauchen wir natürlich ein Butterbrot: Zwei frische Scheiben Brot, nicht zu üppig und nicht zu knapp belegt, am besten mit einer Scheibe Aufschnitt pro Brotscheibe, zum Beispiel Käse hier und Schinken dort, etwas Salat dazwischen und eine Spur Senf, das Ganze in Butterbrotpapier eingewickelt und erst dann herausgeholt, wenn sich die Aromen aller Bestandteile schon etwas miteinander verwoben haben. Weil ein Butterbrot für die ganze Reise nicht reicht, nehmen wir als kleinen Luxus einen Laugenknoten und ein Paar Landjäger mit – für den zweiten Hunger. Beide Male bereichern wir die mobile Brotzeit durch ein hart gekochtes Ei und ein paar frisch abgeschnittene Gurkenscheiben, beides mit Salz aus der ganz kleinen Reisedose bestreut. Und wenn wir schon fürchten, dass gar kein Brot mehr übrig ist, entdecken wir erfreut in der Tasche das Arme-Leute-Reisebrot meiner Großmutter: eine Scheibe Weißbrot, eine Scheibe Schwarzbrot, dazwischen Butter und Zucker, der beim Reinbeißen zwischen den Zähnen lustvoll knistert.

Wir trinken kaltes, klares Wasser aus der Sick-Flasche, vielleicht auch eine Apfelschorle dazu. Und wir haben natürlich eine Thermoskanne mit daheim frisch aufgebrühtem Kaffee dabei, an dem wir uns laben, nachdem wir kurz eingenickt waren. Dann können wir auch die Tafel Zartbitterschokolade hervorholen, in der Hoffnung, dass sich nicht zu viele Mitreisen trauen, davon etwas einzufordern. Zwischendrin gibt es dann noch ab und zu eine Banane oder einen Apfel.

All dies genießen wir von unserem Fensterplatz in Fahrtrichtung aus; der Tisch vor uns bietet gerade genug Platz. Der Blick nimmt die Gedanken mit in die Landschaft und der Proviant erinnert uns an Reisen, die wir noch vor uns haben. Wir stellen glücklich fest, dass wir das Privileg haben, in diesem Moment den beiden Urvergnügungen der Menschheit gleichzeitig nachgehen zu können: unterwegs sein und etwas essen.

Sollte ich einmal hingerichtet werden, würde ich wohl solch ein Proviantmahl als Henkersmahlzeit verlangen. Vielleicht könnte ich dann auch mit dem Zug meinen Peinigern entkommen.

Quark

Mehr als bei anderen Lebensmitteln erhalten sich bei Milchprodukten regionale und nationale Eigenheiten. So fällt einem beispielsweise in den Supermärkten jenseits des Rheins rasch auf, dass es in Frankreich keinen Quark gibt. Dabei wäre der Quark einmal fast dort eingeführt worden. In den 60er Jahren hatte ein ambitionierter Referent im französischen Landwirtschaftsministerium

Überlegungen zu Papier gebracht, wie man die heimische Milchwirtschaft durch neue Produkte dynamisieren könnte. Und da er an einer der ersten Austauschreisen zwischen Deutschland und Frankreich teilgenommen hatte, hatte er bei seiner deutschen Gastfamilie Quark kennen gelernt und empfahl prompt die Einführung desselben in der *grande nation*. Seine Vorlage erklomm im Ministerium rasch mehrere Hierarchieebenen und stand kurz vor der Genehmigung. Doch dann kam jäh das Veto aus dem Elysée-Palast. Man hatte die *Academie française* eingeschaltet, die in einem Gutachten zu dem Schluss kam, dass ein derart teutonischer Produktname wir „Quark" dem französischen Verbraucher nicht zuzumuten sei, Versöhnung hin oder her. Auch Kompromissvorschläge, wonach man ja die Schreibweise gallisieren könnte („le couarque"), fruchteten nicht. Und so blieb es dabei, dass man in Frankreich zwar keinen Quark kennt, dafür aber *fromage blanc*. Wenn ich ehrlich bin, weiß ich nicht, ob die Franzosen bei diesem Tausch nicht doch besser abschneiden, als wir.

Salat

Es gibt Dinge, die übernimmt man ganz natürlicherweise von seinen Eltern ohne auch nur darüber nachzudenken. Und es gibt Dinge, gegen die lehnt man sich mit aller Kraft auf. Zu letzterem bot sich meinem Bruder und mir als Kinder ein ungewöhnlicher Anlass: die Salatsoße. – Ich muss etwas ausholen: Meine Eltern kommen aus nördlicheren Regionen Deutschlands und haben auch in ihrer neuen badischen Heimat die Gewohnheit nicht abgelegt, eigentlich herzhafte Gerichte zu versüßen. Ganz besonders konsequent waren sie dabei beim Salat, den sie mit einer Joghurt-Zucker-Soße anrichteten. Die im

Naturzustand ja ohnehin etwas faden Salatblätter schmeckten dadurch noch langweiliger. Es war so, als würde der Salat in eine Art künstliches Koma versetzt, statt ihn mit einer würzig-raffinierten Soße wach zu küssen. Aber diese Alternative kannten wir Kinder ja noch nicht und nahmen so die milchig-süße Zumutung unwillig aber schicksalsergeben hin.

Bis zu jener Zeit, als wir in der Küche der Nachbarin in Kontakt mit einer anderen Kultur traten. Es gab damals ein Arrangement, dass mein Bruder und ich an manchen Tagen nach der Schule bei den (alteingesessenen) Nachbarn zu Mittag aßen. Auch dort gab es zum Essen Salat – der uns aber zu unserem großen Erstaunen unheimlich gut gefiel. Die Salatblätter waren nicht in Joghurt und Zucker ertränkt, sondern glänzten in einer ölig-salzig-anregenden Soße; es war, als hätten sie ihre Würde wieder erlangt. Wir waren verblüfft: Salat konnte schmecken! Salat in Joghurt-Soße war kein Schicksal. Salat zu essen musste keine Pflicht bleiben, sondern konnte ein Genuss sein. Also beschlossen wir, zu versuchen, diese neue Art des Salatessens auch in unserem Hause einzuführen: Wir berichteten unserer Mutter von der neu entdeckten Salatsoße, vermieden geflissentlich jede negative Äußerung über die bisherige Joghurt-Soße und legten nebenbei so viel Unschuld und Liebenswürdigkeit wie möglich in unseren Vortrag. Die Mutter erwiderte mit wenig Begeisterung (vielleicht sogar etwas schnippisch), wir sollten uns doch das Rezept der tollen Soße geben lassen. Also marschierten wir mit Papier und Stift zur Nachbarin, um das Rezept einer Salatsoße zu holen, was – wie mir scheint – für Jungs im Grundschulalter eine nicht sehr geläufige Tätigkeit ist. Wir notierten gewissenhaft die magische Formel: 4 Esslöffel Öl, 1 Esslöffel Essig, Kräuter (der Provence?), Salz, Pfeffer. Das war alles (wobei meine Frau vermutet, dass die Nachbarin die Salatschüssel wohl auch mit einer halben Knoblauchzehe ausgerieben hat). Aber es war eine kleine Revolution; zumindest was mein Verhältnis zu Salat betrifft. Die große Revolution, wenn man so will, war dann die richtige Vinaigrette mit Olivenöl und Dijon-Senf; doch sie bleibt hier unerwähnt um der Nachbarin nicht die Show zu stehlen.

Und jetzt kommt die große Richtigstellung: Meine Eltern machen tolle Salate! Abgesehen von der Joghurt-Soße (die sie immer noch kredenzen, wenn sie keinen Besuch erwarten, und die zu einem Salat mit Apfel- und Nussstückchen durchaus passen kann) bin ich mit leckeren und abwechslungsreichen Salaten aufgewachsen, die mit fortschreitender Zeit immer mehr internationale Elemente aufgriffen. Mein heimlicher Favorit ist aber der Gurken-Tomaten-Salat meines Vaters. Eine schlichte Komposition, die trotz aller Einfachheit nur den genau richtigen Geschmack bekommt, wenn er persönlich sie anrichtet: Gurken, Salat, eine kleine feingeschnittene Zwiebel, Wasser, Essig (kein Öl), Salz, Pfeffer und auch Zucker, aber nur wohldosiert, der das ganze abrundet. Was auch immer das Hauptgericht ist; wenn dieser Gurken-Tomaten-Salat auf dem Tisch steht, ist für mich das Essen gerettet.

Salat – je länger ich darüber nachdenke, desto mehr wird mir die ungeheure Vielfalt bewusst, die dieses Thema bietet, und ich weiß nicht in welche Richtung ich weiter schreiben soll. Soll ich die geniale Einfachheit des Tomaten-Mozzarella-Salates loben? Soll ich um Nachsicht für die Unmengen Mayonnaise in den Salaten Osteuropas plädieren? Soll ich von der *salade périgourdine* erzählen, die ich nur wegen des klangvollen Namens bestellt habe ohne zu ahnen, auf was für eine Fleischorgie ich mich da einlasse? Soll ich den Feldsalat im Winter zum König der Salate erklären und mir dabei der Zustimmung der meisten Südbadener sicher sein? Soll ich erläutern, warum ein Griechischer Salat den perfekten Übergang zwischen einer Gulaschsuppe und einem Quarkstrudel darstellt? Soll ich die Frage in den Raum stellen, warum vor allem Frauen Fruchtstücke oder Nüsse in den Salat geben und damit immer wieder eine verblüffende Wirkung erzielen? – Ich kann mich nicht entscheiden und bin gleichzeitig froh über den Reichtum an Salatvariationen, der sich uns in Europa bietet und zu dem fast jedes Land seinen Beitrag leisten kann. Von hier ist es nur ein kleiner Schritt zur politischen Botschaft, die auch im Salat steckt: Unsere modernen Gesellschaften sollte man verstehen wie eine *salad bowl*, eine Salatschüssel, in der ganz unterschiedliche Bestandteile sich zu einem großen, vielfältigen Geschmackserlebnis verbinden, die zwar vom Aroma der gemeinsamen Soße zusammengehalten werden, aber doch ihre Eigenarten behalten (dürfen).

P.S.: Noch ein Wort an alle Gastwirte: Nennen Sie den „kleinen Beilagensalat" doch bitte nicht mehr so. Würden Sie so heißen wollen? Mein Alternativvorschlag, natürlich aus Frankreich: *salade de bienvenue*.

Sandwich & Toast

Ich war ziemlich baff, als ich beim Schmökern im Atlas die Sandwich-Inseln entdeckte. Was sollte das sein? Inseln, die so aussahen wie Sandwiches? Inseln, wo es ganz besondere Sandwiches gab oder wo Sandwiches ursprünglich herkamen? – Schade eigentlich, dass es nur eine zufällige Namensverwandtschaft ist, weil derselbe britische Gentleman, nach dem die Inseln benannt wurden, nebenbei auch die Sandwiches erfand. Es wird einem eng uns Herz, wenn man bedenkt, dass ausgerechnet jenes Land die Europäische Union verlassen will, das uns nicht nur die Beatles und den

Fußball, sondern auch Sandwiches beschert hat. Andererseits: Das ist lange her und wir Europäer (zu denen sich die Briten dem Vernehmen nach ja auch weiterhin zählen) haben uns die geniale Idee der Sandwiches angeeignet und sie in mannigfaltigen Variationen weiterentwickelt.

Ich habe mich schon beim Thema Brot überwältigt von der Vielfalt gezeigt. Beim Thema Sandwiches und Toasts haben wir es jedoch mit einer Art Unendlichkeit hoch drei zu tun: Es gibt unendlich viele Brote, die man dafür verwenden kann; es gibt unendliche viele Aufstriche und Beläge; und es gibt endlose Möglichkeiten, diese Beläge zu kombinieren. Vor solch einer Vielfalt kann ich nur die Waffen strecken. Ich brauche einen Kunstgriff um das Thema einzugrenzen: ein Sandwich beziehungsweise einen Toast pro Monat. Und so essen wir uns durch ein europäisches Jahr:

- Im September starten wir mit einem klassischen englischen Sandwich – zu Ehren der Erfinder. Es besteht in diesem Falle aus Zutaten von eleganter Blässe: helles Toastbrot, Hähnchenbruststreifen, Eisbergsalat und Mayonnaise.
- Im Oktober gönnen wir uns ein katalanisches *pa am tomàquet* (Brot mit Tomate): Auf dem gerösteten Brot wird eine Tomate zerrieben und mit Olivenöl beträufelt. Eine ebenso ressourcenschonende wie schmackhafte Sandwichvariante.
- Der kühle November braucht ein französisches *Croque Monsieur*: Zwischen zwei Brotscheiben kommt Schinken und Käse obendrauf. Der Trick: Auf den Brotscheiben befindet sich auch noch Béchamelsauce, was für zusätzliche Geschmeidigkeit sorgt.
- Als Dezember-Gericht machen wir einen typisch deutschen Toast Hawaii, bei dem sich zwischen

Schinken und Käse die Ananas und das Fernweh einschleicht.

- Wer im Januar hungrig und frierend durch Brüssel schleicht, bekommt eine *mitraillette* (Maschinenpistole): Ein halb aufgeschnittenes Stück Baguette mit Fleischstücken und Pommes sowie Soße. Man isst erst ein paar einzelne Pommes, bis man die *mitraillette* zwischen den Hände nehmen und zu Mund führen kann.

- Im Februar gibt es ein heimatliches Vesperbrot. Das kann entweder ein Schulbrot sein, welches immer nicht so lecker ist, wie das von den Kameraden. Es kann aber auch eine kleine Mahlzeit in einer Gaststätte sein. In diesem Fall sind die herzhaften Zutaten nur lose auf ein Holzbrett gelegt und man kann sich sein Brot selber beschmieren und belegen.

- Im März bestellen wir an einer ungarischen Imbissbude ein *melegszendvics* (heißes Sandwich): Eine ziemlich dicke Weißbrotscheibe wird mit einer speziellen Pilzcreme bestrichen und mit Käse überbacken.

- Im April haben wir zwischen zwei Regenschauern nur Zeit für einen „Quetschtoast": Mit dem entsprechenden Gerät – einer Art Waffeleisen für Toastbrot – kann man alles, was die Küche hergibt, zwischen die Toastscheiben pressen.

- Im wunderschönen Monat Mai genießen wir Panini, entweder am Lago oder im Hauptbahnhof. Am liebsten warm, mit Tomaten und Mozzarella und den typischen Grillstreifen auf der Brotoberseite.

- Wer im Juni nochmal nach Frankreich darf, kann sich an einer sommerlichen Mohn-Baguette (*pain pavot*) mit Thunfisch und Tomaten erfreuen.

- Im Juli gebieten die Wärme und die bewusste Ernährung ein Knäckebrot mit Kräuterquark und Schnittlauch obendrauf.

- Nur im August trauen wir uns nach Norden und werden mit einem *Smørrebrød* belohnt: Fischstücke auf Schwarzbrotbasis mit Remoulade.

Wir danken dem Lord von unserer Sandwich-Insel im Nordatlantik für eine wunderbare Idee, aus der sich eine pan-europäische Genussgeschichte entwickelt hat!

Schokolade

Bis tief in die 90er Jahre hinein brachten Besucher aus der ehemaligen Sowjetunion Schokolade und Pralinen als Gastgeschenke mit, die offenbar noch vor-marktwirtschaftlicher Produktion entstammten: wuchtige Schachteln in bunter Verpackung, mit disneyhaften Motiven und kyrillischen Schriftzügen verziert. Wenn man sich allerdings zum Inhalt vorgearbeitet hatte, trat doch eine gewisse Ernüchterung ein. Die dargebotenen Süßigkeiten hatten zweifelsfrei etwas mit Schokolade zu tun und bei den Pralinen war auch das Bemühen um geschmackliche Variation festzustellen. Und doch blieb das postsozialistische Geschmackserlebnis enttäuschend. Böse Zungen konnten die russischen Schokoprodukte mit der Landschaft der Taiga vergleichen: hölzern und eintönig. Der Gedanke drängt sich auf, dass die sowjetischen Misserfolge beim Thema Schokolade eine Art Vorgeschmack boten auf den Untergang dieses Weltreiches. Man kann schließlich schlecht als glaubwürdige Supermacht daherkommen, wenn man nicht einmal anständige Pralinen herstellen kann. Ich glaube übrigens, dass das auch umgekehrt gilt und halte deshalb Belgien für eines der am stärksten unterschätzten Länder dieser Erde. (Man muss hier der Vollständigkeit halber ergänzen, dass ich kaum jemanden kenne, der besonders für US-amerikanische Schokolade schwärmt. Mal sehen, was das für die Zukunft dieser Supermacht bedeutet.)

Doch zurück zur Schokolade als solcher: Sie ist die ewige Königin im Reich der süßen Speisen. Nichts und niemand kann ihr diesen Status streitig machen. Oder etwas differenzierter ausgedrückt: Man muss schon ein sehr raffiniertes Dessert auf Frucht- oder Milchbasis auftischen, um überhaupt als mögliche Alternative zu einem *fondant au chocolat* in Betracht gezogen zu werden. Wir haben es mit einer inhärenten Überlegenheit der Schokolade zu tun, die gar nicht so leicht zu erklären ist. Ich vermute, dass hier lebensmittelchemische und kulturhistorische Faktoren Hand in Hand gehen. Zum einen muss es tatsächlich etwas in der Schokolade geben, das den menschlichen Organismus besonders anspricht, das im besten Falle glücklich und im schlechten Falle süchtig macht. Ich kann bestätigen, dass der erste Biss in eine kühl gelagerte Tafel Zartbitterschokolade ähnlich direkte körperliche Auswirkungen hat, wie ein Espresso oder ein Cognac. (Außerdem ist „zartbitter" eines der schönsten Adjektive, das die Welt des Essens hervorgebracht hat.) Aber das ist sicher nicht alles. Es spielen auch Traditionen und Erfahrungen eine Rolle, die wir im Laufe des Lebens ansammeln und die die Schokolade in einen besonderen Stand erheben.

Schokolade essen ist ansonsten ein bisschen wie Bahnfahren: Es gibt zwei Klassen. In der ersten Klasse isst man Pralinen. Ganz Belgien fährt somit erste Klasse. In Brüssel kann man beobachten, wie sich die edel gestalteten Pralinenläden gerade zwischen fünf und sechs Uhr abends füllen: Nach getaner Arbeit feiern viele Menschen den Abend mit einer individuell zusammengestellten Pralinenschachtel. Auch hierzulande hat sich einiges getan. Bis vor kurzem konnte man den Deutschen noch ernsthaft weismachen, dass ein schokoladenüberzogenes Industrieprodukt „die längste Praline der Welt" sei. Inzwischen gibt es in jeder größeren Kreisstadt eine eigene Chocolatier-Manufaktur, die sich bemüht, die geltenden Standards und damit ihre Umsätze kontinuierlich anzuheben.

Ich fahre aber mitunter auch richtig gerne in der zweiten Klasse. In diesem Kontext heißt das: Ich schaue mich gerne unter den Schokoladentafeln im Supermarkt um und überlege, welche Sorte ich noch nicht probiert habe. Wie früher. Marzipan stand immer oben auf der Liste. Trauben-Nuss habe ich vor kurzem wiederentdeckt. Und der Tag an dem ich spontan zur Pfefferminzschokolade greife, muss erst noch kommen. Manche Schokoladentafeln tun so, als würden sie schon zur ersten Klasse gehören: mit ausgefeiltem Design und exquisiten Zutaten wie *cranberry* oder Chili. Viele Schokoladentafelhersteller setzen außerdem auf einen gewissen genießerischen Nationalismus: Man soll erkennen, dass es sich um einheimische oder – noch besser – um schweizerische Produkte handelt. Andere, die sich offensichtlich an jüngere Kunden richten, stammen zwar von hier, imitieren aber in Sprache und Aufmachung amerikanische Elemente wie *blueberry-cheesecake*. Manche Schokoladenprodukte spielen mit französischen und italienischen Anspielungen. Ich bin gespannt, ob es irgendwann auch russische Schokolade in unsere Supermärkte schafft.

Spinat

Was für eine starke Geste: Popeye nimmt die Spinatdose, hebt sie hoch über seinen Kopf und kippt sich den gesamten Inhalt mit einem Rutsch in den Rachen. Ergebnis: Pulsierende Muskeln und unmittelbar verfügbare Schlagfertigkeit. Das hat mich als Kind sehr beeindruckt. Die Vorstellung, dass einem bereits der Verzehr eines alltäglichen Gemüses zusätzliche Kräfte verleihen kann – ohne den ganzen intergalaktisch-mystischen Supermann-Kram– fand ich sehr praktisch und sympathisch. Und auch wenn die lange gültige Version von der stärkenden Wirkung des Spinats heute überholt zu sein scheint; ich spüre sie noch: die Kraft der Erde im Geschmack des Spinats. Er scheint dem Boden eine besondere Mischung an Inhaltsstoffen zu entziehen, die bereits im Mund belebend wirkt und dem Körper eine aus der Tiefe stammende Energiequelle verschafft.

Diese Vorstellung ist mir immer präsent, egal in welcher Form ich Spinat zu mir nehme. – Als Kinder kochte uns meine Mutter gelegentlich eine „Nudelhex": Das war eine Art Spaghetti-Auflauf mit heller Soße, in den an verschiedenen Stellen Spinat eingelassen war. Dadurch ergab sich beim Essen ein immer abwechselndes Geschmackserlebnis: Mal hatte man viel, mal wenig, mal gar keinen Spinat auf der Gabel. – Das klassische Spinatgericht teilt den Teller in drei Bereiche: einen für den Spinat, einen für die Bratkartoffeln und einen für das Omelett. Dieses Gericht verdient einen Eintrag in die Liste des immateriellen Kulturerbes. – Und schließlich wird auf der *Pizza Anna* (heißt die überall so?) der stilvoll verteilte Spinat von einem in der Mitte platzierten Ei gekrönt. So sieht die Pizza aus wie eine köstliche Zielscheibe: erst die grüne Spinatfläche, dann das Weiße vom Ei und schließlich das goldgelbe Herz.

Man merkt schon an diesen Zubereitungsformen: Spinat ist eine sehr kultivierte Zutat. Weit mehr als ein Aufbaumittel für Muskelprotze. Und auch Popeye, der immerwährende Botschafter des Spinats, ist nicht nur ein Haudegen, sondern ein einfühlsamer Mensch, der sich rührend um seine Freundin Olivia kümmert.

Spirituosen

Ich wollte Hochprozentiges eigentlich aus diesem Buch fernhalten. Es ist nicht so mein Ding. Die Versuche von Freunden, mich in den Whisky-Kult einzuführen, haben wenig Eindruck bei mir hinterlassen. Vielleicht auch, weil ich mich kaum an diese Abende erinnere. Daher nur kurz zwei Empfehlungen, die auch etwas mit Essen zu tun haben: Russischer Wodka schmeckt besonders gut, wenn man ihn direkt nach dem Verzehr einer sauren Gurke trinkt. Beziehungsweise wenn man Bissen von der Gurke und Schlückchen vom Wodka hintereinander schachtelt. Besonders auf langen Zugfahrten nach oder in Russland zu empfehlen. Beugt auch Magenverstimmungen vor. – Zweite Empfehlung: ein ungarischer Unicum (Kräuterlikör) nach einem ausgedehnten Abendessen. – Ach ja: Das mit der Zitrone und dem Salz, die man vor einem Tequila vom Handrücken leckt, war auch ganz nett. Jetzt höre ich aber auf. Was sollen sonst meine Söhne von mir denken.

Sprudel, Schorle, Saft

Ich bin erst einmal froh, dass ich das Unwort „Erfrischungsgetränke" im Titel dieses Abschnitts vermeiden konnte. Das klingt etwa so ansprechend wie „Sättigungsbeilage". Wir haben leider nichts Vergleichbares in unserer Sprache wie den lässigen *soft drink* aus Amerika, oder wie das spitze *üdítő* aus Ungarn, das einen schon beim Aussprechen erfrischt. Die deutsche Sprache steigt an einer anderen Stelle in das Thema ein, aber mit einem ebenso schönen Wort:

Sprudel! – Das schmeckt, wie es klingt und es gibt sogar zwei Sorten: „Saurer Sprudel" ist Mineralwasser mit Kohlensäure (oder mit „Gas", wenn Sie wollen); „süßer Sprudel" ist Zitronenlimonade. Und weil man Sprudel beider Varianten zum Anmischen einer „Schorle" mit Wein oder Saft verwenden kann, ist es theoretisch möglich, eine „süße Rotweinschorle" zu bestellen. Ich habe mich das aber noch nie getraut. Die Franzosen würden uns ja schon eine normale Weinschorle kaum verzeihen. Gut, dass sie mehrheitlich nichts von dieser Praxis wissen.

In jedem Falle sprudeln, schorlen und saften wir Deutschen überdurchschnittlich gerne. Die schon erwähnte Apfelschorle ist eine Grundvoraussetzung unserer alltäglichen Leistungsfähigkeit. Schwarze-Johannisbeer-Schorle ist die Lösung, wenn man einen Wein trinken gehen will, aber keinen Wein trinken will. Auch beim Bier mischen wir uns gerne ein Radler oder fröhnen einem sommerlichen Bananenweizen. Und die klassischen *soft drinks* mixen wir uns gerne zum Spezi zurecht. Diese Experimentierfreude war wohl auch der Nährboden für neue Limonaden und Schorlen auf Birnen-, Hagebutten- oder Sauerampferbasis, die von lokal verwurzelten Jungunternehmern hergestellt werden und immer den Namen der Stadt oder des Landstrichs im Titel tragen.

Trotzdem müssen wir uns eingestehen, dass die ur-amerikanische Cola einen festen Platz in unserem Alltag hat. Warum auch nicht? Der außergewöhnliche Geschmack, die Süße, der Koffeingehalt und jahrzehntelange Prägung verschaffen der klassischen Coke einen uneinholbaren Vorsprung. Ich habe noch den US-Radiosender morgens auf dem Weg zur Schule im Ohr: *You can't beat it. The feeling you get from a Coke in the morning...* Kein Wunder, dass ich in der Schule noch vor meinem *locker* den Cola-Automaten angesteuert habe. So nett es auch wäre, wenn die schweizerische Rivella oder der österreichische Almdudler einmal der Cola den Rang ablaufen; *it's not gonna happen*.

Zum Saft: Als ich zum ersten Mal den gerade eingeführten Multi-Vitamin-Saft probiert hatte, habe ich vielleicht nicht in Worten gedacht, aber doch so etwas empfunden wie: „Nicht von dieser Welt!" – Die neue Kreation auf dem Getränkemarkt schmeckte unwirklich gut und ich musste mir Schluck um Schluck wieder vergegenwärtigen, dass ich nicht einer Sinnestäuschung aufgesessen war. Auch diese jugendliche Begeisterung hat sich mit der Zeit etwas gelegt. Aber es hat sich seither leider nicht viel Innovatives getan in den Saftläden der Republik. Erst die Einführung der *smoothies* (französische Aussprache etwa: „ßmohsie") hat wieder Schwung in die Bude gebracht. Ungeahnte Möglichkeiten tun sich auf, wenn man Spinat oder Paprika mit süßen Früchten und unbekannten lateinamerikanischen Gewächsen mixt. Jetzt brauchen wir bloß noch ein pfiffiges deutsches Wort für das „neuartige Fruchtmixgetränk". Wie wäre es mit Schmusel? Oder Schmorle?

Suppe

Ich habe eine Suppe gekocht, um mich auf dieses Kapitel einzustimmen. Mit freundlicher Unterstützung des Supermarkts um die Ecke: Zuerst eine Packung Suppengrün mit Karotten, Sellerie, Lauch und Petersilie. Wenn alles kleingeschnitten im Topf schmort, merkt man, dass das unscheinbare Suppengrün ein echter Geheimtipp ist. Ich hatte es, ehrlich gesagt, unterschätzt und deshalb zur Sicherheit noch Suppenmaultaschen und Schinkenwürfel dazu besorgt, um auf jeden Fall ein

111

intensives Geschmackserlebnis hinzubekommen. Ich brauche manchmal starke Reize. Deshalb habe ich auch mit dem zugegebenen Olivenöl nicht gegeizt und – ja – die verpönte Gemüsebrühe hervorgekramt. Nochmal zum Mitschreiben: Suppengrün, Maultaschen, Schinken, Öl und Brühe. Das Ergebnis hat so intensiv geschmeckt, dass man eine euphorisierende Wirkung nicht unterdrücken konnte. Wahrscheinlich experimentiert die *US Navy* mit ähnlichen Rezepturen zur Verpflegung der Nordmeerflotte auf langen Einsätzen. Ich habe in jedem Fall mein Ziel erreicht und bin jetzt in perfekter Suppenstimmung.

Zeit also für die gute Nachricht: Die kargen Jahre sind vorbei! Vorbei die Zeit, als die Aussicht, eine Suppe zu bekommen bei vielen Menschen für ein Stirnrunzeln sorgte. Vorbei die Missachtung der Suppe als Essen alter Leute, die in der Volksschule noch das Küchentuch mühsam mit dem Satz bestickt hatten: „Fünf sind geladen. Zehn sind gekommen. Gieß Wasser zur Suppe, heiß alle willkommen." Vorbei die Herabwürdigung der Suppe als Tüten-Dosen-Automaten-Produkt. – Die Suppe ist wieder da und sie ist wieder in! In den größeren Städten isst man Suppe in hellen Lokalen, wo grüne Pastelltöne vorherrschen und das Tagesangebot von jobbenden Ethnologiestudentinnen mit Kreide auf eine Tafel geschrieben wird. Ich traue mich in solche Läden nicht rein, weil ich wahrscheinlich meinen Vornamen nennen und zwischen Zutaten wählen müsste, die ich gar nicht kenne. Daher kann ich nicht von den dortigen Suppen berichten. Aber ich sehe den neuen Trend mit Sympathie und denke im Vorbeilaufen an die Suppen meines Lebens:

Ich denke an die familiäre Kürbissuppe mit dem Schuss Kokosmilch zu Beginn des festlichen Essens. Ich denke an die ungarische Gulaschsuppe (siehe dort) und an ihre südungarische Schwester: die Fischsuppe aus Baja, von der eine solche Kleckergefahr ausgeht, dass auch die elegantesten Gäste ein Lätzchen umgehängt bekommen. Ich denke an den russischen Borschtsch und den Geschmack nach Erde in den Rote-Beete-Stücken, auf denen wie Schnee ein Schmandhäubchen schwebt. Ich denke an die französische Zwiebelsuppe, zu der man sich erst durch die überbackene Schicht mit Käse durcharbeiten muss; *quel plaisir!* Ich denke an den stolzen Gazpacho, der dem spanischen Sommer trotzt und als einzige Suppe das Recht hat, kalt serviert zu werden. Ich denke an die Flädlesuppe in den gutbürgerlichen Restaurants meiner Heimat, in die Pfannkuchenstreifen hineingeschnitten werden. Und ich suche noch einen Namen für meine eingangs beschriebene Eigenkreation. Vorschläge sind willkommen.

Tee

Mit dem Teetrinken ist es wie mit konservativen Ansichten: Je älter man wird, desto mehr Verständnis hat man dafür. Bis vor kurzem habe ich als eingefleischter Kaffeetrinker die Mitglieder der Tee-Fraktion mit ihren schlappen Aufgüssen belächelt. Dabei habe ich eigentlich recht früh eine sehr gute Einweisung ins Teetrinken bekommen, und zwar im Elsass. – Nein, es ist keine Bildungslücke, wenn Sie die großartige elsässische Teetradition nicht kennen. Die gibt es nämlich nicht. Der europäische Zufall wollte es, dass wir in meiner Kindheit mit einer irisch-englischen Familie befreundet waren, die sich in den Vogesen niedergelassen hatte. Sie hatten viele Kinder und ein riesiges ehemaliges Gasthaus am Waldrand. Ein Sohn war in meinem Alter und wir durchstöberten alle Stockwerke, alle Nebengebäude, bestiegen alle Bäume und streiften durch die Umgebung. So habe ich meine ersten Aufenthalte in einer rein englischsprachigen Umgebung in einem rauen Tal kurz hinter Kayersberg verbracht.

Wenn man sich dann im Frühjahr oder Herbst nach längerem Aufenthalt im Freien leicht fröstelnd auf der Eckbank in der alten Gaststube einfand, gab es für jeden eine gute, heiße *cup of tea*. Eine jener englischen Sorten, die man noch immer kaum in Deutschland bekommt. Dazu einen Schuss Milch und einen gut gehäuften Löffel Zucker. Bevor man zu trinken anfing, konnte man schon die Hände um die Tasse legen und sie daran aufwärmen. Ich weiß nicht mehr, ob es Gebäck dazu gab – vielleicht Madeleines? –, aber ich habe diesen Moment der Gemeinschaft genossen, in dem alle von ihren jeweiligen Tätigkeiten innhielten, sich am Tee stärkten und dabei in einem weitgehend unverständlichen Englisch mit gelegentlichen französischen Einwürfen die Lage besprachen.

Wie gesagt, mit Tee alleine käme ich nicht mehr durch den Alltag. Den Kaffee kann er nicht ersetzen. Allerdings haben meine Frau und ich uns seit einiger Zeit angewöhnt, stereo zu trinken: Eine kleinere Tasse Milchkaffee und eine größere Tasse Tee. Wenn der Kaffee leer ist, kann man einen Schuss Tee hinüber kippen und damit die Ränder von Milchschaum tassenschwenkend einsammeln. Aber behalten Sie diesen Tipp bitte eher für sich. Man macht sich damit im Zweifel sowohl bei Kaffee- als auch bei Teekennern unbeliebt.

Wir Deutschen gehen großzügig mit dem Begriff Tee um und bezeichnen damit auch jene Aufgüsse, die nichts mit der eigentlichen Teepflanze zu tun haben, sondern sich auf Kamille, Salbei, Hagebutte, Ingwer, Minze und alle anderen Kräuter dieser Welt stützen. Im Französischen nennt man so etwas eine *infusion*, was für uns wiederum bedrohlich medizinisch klingt.

Als mein russischer Austauschschüler mich 1991 besuchte, holte er als Geschenk aus seinem kleinen Reisekoffer einen riesigen Samowar – zum Tee kochen. Und als wir uns zum Gegenbesuch nach Moskau aufmachten, fuhren wir mit einem sowjetischen Kurswagen: dunkelgrün angestrichen, mit Gardinen vor den Fenstern und mit einem Samowar auf dem Gang, bei dem man sich während der 44 Stunden dauernden Fahrt bedienen konnte, um dann mit einem Tee in der Hand hinaus in die endlosen Birkenwälder zu schauen.

Wir haben in späteren Jahren auch Modeerscheinungen mitgemacht, wie den üppig-würzigen Yogi-Tee, den man eine Stunde köcheln lassen musste und der dann so intensiv schmeckte, dass man sich unweigerlich Gedanken über die Legalität dieses Getränks machte. Und auch die Phase mit dem grünen Tee, der in Japan viel dickflüssiger ist und mit süß-klebrigen Reisbällchen eingenommen wird, kam und ging, ohne dass sich an unserem Allgemeinbefinden dramatische Veränderungen ergeben hätten.

Tee – so könnte ein mögliches Fazit lauten – ist das Getränk der Entschleunigung. Und hier wandelt sich der fehlende Kaffee-Kick zu einem Vorteil. Wer Tee trinkt, muss nicht gleich losrennen und die Welt retten, sondern kann abwarten, das Handy ausschalten, seinem Gegenüber oder sich selbst wirklich zuhören und dabei die Hände langsam um die warme Tasse legen. Alles, was ich um mich herum sehe, scheint mich darin zu bestärken, dass wir mehr Tee trinken sollten. Vielleicht werde ich aber auch einfach nur älter.

Tischgebete

Meine Mutter war wirklich sehr gerührt, als ihr kleiner Enkel – kaum des Sprechens mächtig – sie aufforderte: „Oma, sprich vom Brot!" Damit meinte er folgendes Tischgebet:

Der eine hat Hunger und hat kein Brot.
Der andere hat Brot und kann nicht essen.
Wir haben Hunger und haben Brot,
drum lasst den Dank uns nicht vergessen!

Das Gebet hat einen schönen Rhythmus und ist irgendwie rätselhaft. Man fragt sich: Was ist mit den Leuten passiert, die Brot haben, aber nicht essen können? Sind sie krank? Ist mit ihren Kauorganen etwas nicht in Ordnung? Lastet ein Fluch auf ihnen oder verbüßen sie eine rituelle Strafe? – In jedem Fall ist man froh, dass es einem nicht so geht und sieht ein, dass man allen Grund zum Beten hat, wenn man nicht nur Brot hat, sondern es auch essen kann.

Zuhause haben wir einen apfelgroßen Würfel, auf dessen jeder Seite ein anderes Tischgebet geschrieben steht. Das bringt etwas Spannung und Abwechslung in das Ritual. Aber trotzdem bin ich immer froh, wenn der Würfel „mein Tischgebet" hervorbringt; das einzig legitime und heilsbringende:

Komm, Herr Jesu, sei Du unser Gast, und segne alles,
was Du uns aus Gnaden bescheret hast! Amen.

Es ist gar nicht so lange her, dass mir aufgefallen ist, wie tiefgründig dieses kurze Gebet doch ist: Es vollzieht sich währenddessen eine Art Wandlung: Erst ist Jesus „unser Gast", das heißt, wie sind die Gastgeber und laden ihn ein, an unserem Mahl teilzuhaben. Dann gibt er – als Zeichen des Übergangs – seinen Segen und plötzlich sind wir die Gäste, die das Mahl genießen dürfen, dass er uns als Gastgeber beschert hat. Ein Rollentausch, der in solcher Windeseile vor sich geht, dass beide Seiten, beide Rollen fast zur Deckung kommen. Mensch und Jesus, Gast und Gastgeber, eine Gemeinschaft. Seit ich das so für mich aufgedröselt habe, spreche ich das kleine Gebet noch lieber vor mich her, wenn ich unterwegs ein belegtes Brötchen esse oder auch in Situationen, die gar nichts mit Essen zu tun haben. Es ist mein kleiner spiritueller Dietrich, der in jedes Schlüsselloch passt und meinem Herzen die Türen des Dankes und der Zuversicht öffnet.

Ich schätze, dass ein Tischgebet gar nicht viel mit Religiosität zu tun haben muss. Anders gesagt: Auch wer jeden Glauben verneint, könnte bejahen, dass Essen haben und Essen können ein Grund für Dankbarkeit sind. Eine Dankbarkeit, die man mit anderen zum Ausdruck bringen möchte. Wahrscheinlich gibt es die Idee schon, aber man könnte doch ein über- oder nicht-religiöses Tischgebet entwickelt, das Christen und Moslems gemeinsam sprechen. Und das auch jenen zusagt, die zwar Dankbarkeit haben, aber nicht in der Lage sind zu beten – fast wie die Leute im Gebet, die Brot haben und nicht essen können.

Tofu & Falafel

Wenn man als Jugendlicher an internationalen Skateboard-Wettbewerben teilnahm, konnte man davon ausgehen, dass das ziemlich viele Leute cool fanden.

117

Wenn man dann auch noch in einigermaßen trittsicherem Englisch sagen konnte: *I am a vegetarian,* – dann war einem ein oberer Platz auf der informellen Coolheitsskala gewiss. Mein Bruder und ich hatten das Glück, diese Trümpfe während eines kurzen goldenen Zeitalters unserer Jugend ausspielen zu können. Mein Bruder ist dabei das Original. Er hat mit dem Skateboard-Fahren angefangen und konnte es immer besser als ich. Es ist mir in der Rückschau noch immer etwas peinlich, dass ich mich als kleiner Bruder da hineingedrängt habe. Andererseits hat uns das viele gemeinsame Erinnerungen beschert – an Orte, Menschen, Erlebnisse, Stimmungen – die wir wohl beide nicht missen wollen.

Aber was hat das nun mit Vegetarismus zu tun? – Ende der 80er Jahre wandelte sich die subkulturelle Orientierung der Skateboard-Szene. War man eben noch vom Punk beeinflusst, hörte die *Sex Pistols* und gab sich provokant und aggressiv, so wurden plötzlich die Haare länger, Sanftmut war nun die Stimmung der Wahl – und Fleischessen wurde verpönt. Den Impuls gaben Skater, die aus dem fernen Amerika zu Contests nach Europa kamen und von uns wie Halbgötter angesehen und umgarnt wurden. Nun fielen die entscheidenden Sätze: Der eine entgegnete, als man ihm ein Wurstbrot hinhielt: *No thanks. That used to run around...* – und der andere setzte hinzu: *I don't eat anything that has eyes.* Solchen überirdisch coolen Sätzen musste man einfach zustimmen, und so wurden wir alle zu Vegetariern auf Rollbrettern. Natürlich haben wir uns dann auch das ganze Arsenal an ethisch-moralischen, gesundheitlichen und ökologischen Argumenten für den Fleischverzicht zugelegt – die ja auch alle immer noch stimmen. Trotzdem wirken die mit Verve vorgetragenen Vegetarismus-Plädoyers im Nachhinein etwas aufgesetzt; das Wichtigste war uns wohl doch die Zugehörigkeit zu unserer Jugendkultur und die starke Identität, die man daraus ableiten konnte.

Und jetzt komme ich endlich zum Titel: Die beiden Symbol-Gerichte dieser Zeit waren Tofu und Falafel. Es war wohl auch wichtig, das Vegetarier-Sein nicht nur über die Abwesenheit von Fleisch zu definieren, sondern etwas Positives und Außergewöhnliches den Durchschnittsessern entgegensetzen zu können. Tofu tauchte damals vereinzelt in den Läden auf und unsere Eltern unterstützten es, dass wir mit dieser neuen Zutat experimentierten. Wahrscheinlich schwang dabei der Gedanke mit, dass der Verzicht auf Fleisch eventuell doch einen Mangel mit sich bringen könnte, der durch dieses Tofu zumindest teilweise ausgeglichen würde.

Ich muss zugeben: Die anfängliche Begeisterung über die ersten Proben dieser milchigen Masse war komplette Schauspielerei. In Wirklichkeit waren wir bass enttäuscht von dem faden Geschmack, der uns entgegen schlug. Doch das konnten wir nicht zugeben, hatten wir Tofu doch bereits als das Manna unseres neuen Lebensstils gefeiert. Also gewöhnten wir uns Zubereitungsarten an, die dem Vegi-Produkt etwas mehr Pepp abrangen: In kleine Würfel schneiden, dann lange in Sojasoße legen und schließlich unter Verwendung weiterer Gewürze scharf anbraten. Nach einer Weile hatten wir einen eigenen Tofu-Burger entwickelt, der sich wirklich sehen lassen konnte: Zwischen zwei Brötchenscheiben sowie Salatblättern, Gurken und Tomaten bestand das Herz dieses Burgers aus drei Schichten: eine Scheibe angebratenes Tofu, ein gutes Stück Omelett, frisch aus der Pfanne, und eine dicke Scheibe Emmentaler. Nimm das, Hamburger!

Bei den Falafel-Bällchen wurde einem die schmackhafte Zubereitung abgenommen: Die etwas anspruchsvolleren Dönerläden in Universitätsstädten begannen, die frittierte Kichererbsen-Masse mit ins Programm aufzunehmen.

119

Einige eher pflichtgemäß und ohne Raffinesse, andere mit mehr Engagement, das heißt mit frisch hergestellten Falafel, die schön heiß frittiert und im Gegensatz zum Dönerfleisch mit einer besonderen Sesamsoßen serviert wurden. Wir Vegetarier nahmen dieses Angebot willig an, bot es doch die Möglichkeit, mit karnivoren Freunden entspannt gemeinsam einen Döner essen gehen zu können, ohne Stress machen zu müssen.

Die Zeit ist über das Skateboard-Fahren hinweggegangen. Und auch vom vegetarischen Lebensstil ist nicht mehr viel übrig geblieben als ein reduzierter Fleischkonsum und eine gewisse Sympathie für die aktuelle vegane Welle. (Neulich habe ich zwei 8-jährige Mädchen diskutieren hören, ob die Bonbons, die sie aßen, wohl vegan seien, oder nicht.) Aber manchmal spüre ich eine vage Hoffnung, dass die goldene Zeit wieder kehren könnte – ähnlich wie der Kaiser Barbarossa – und wir wieder mit Skateboards unter den Füßen und Lässigkeit im Blick eine Falafel holen gehen.

P.S.: Ich bin überzeugt, dass der Grünkern-Bratling in Wirklichkeit ein Komplott der Fleischindustrie ist. Ganz einfach: Man kreiert ein möglichst scheußliches Produkt, vermarktet es geschickt im Kreise der potenziellen Vegetarier und treibt sie dadurch zurück in die Arme von Knackwurst und Schnitzel. Nicht darauf reinfallen! Lieber gleich Falafel essen.

Tomate

Das Paradies. Ganz einfach. So heißt die Tomate auf Ungarisch: *paradicsom*. Die Tomaten, mit denen ich aufgewachsen bin, kamen allerdings wohl kaum aus dem Garten Eden, sondern eher aus holländischen Gewächshäusern. Paradiesische Zustände habe ich im

Zusammenhang mit Tomaten daher nie wirklich erwartet. Aber auch ich durfte einen ganz unverhofften Blick ins (Tomaten-)Paradies werfen: In Bulgarien im Jahre 1994. Ich bin zu einem einwöchigen internationalen Jugendtreffen in die nordbulgarische Stadt Vraca gefahren. Vor allem unter den westeuropäischen Teilnehmer/inne/n waren damals schon viele, die eine vegetarische Verpflegung erbaten. Für die Betreiber der örtlichen Mensa war das eine ungewohnte Herausforderung und sie versuchten mit viel Einfallsreichtum und Improvisation aus den lokal verfügbaren Zutaten Gerichte ohne Fleisch zu zaubern, die die ausländischen Gäste zufrieden stellten.

Aus dieser Gemengelage entstand dann auch die mit Schafskäse überbackene Tomate, die mir nach dem ersten Biss die Sprache verschlug. Es fällt mir schwer eine Metapher zu finden, die den unendlichen Abstand zum Ausdruck bringt, der zwischen dieser bulgarischen Tomate und dem lag, was ich bis dahin für Tomaten gehalten hatte. Sie schmeckte nicht nur einfach besser, sie schmeckte tiefer, weiter und höher. Es war, als öffne sich ein ganzer Geschmackraum, den man langsam kauend betreten konnte. Jetzt brauche ich einen französischen Ausdruck: *Je n'en revenais pas.* Ich kam gar nicht mehr davon zurück, will meinen, ich konnte es kaum fassen. Und was bei mir sehr selten ist: Ich bekam ernsthafte Zweifel an der europäischen Integration, die innerhalb des gemeinsamen Marktes offenbar fade Massenware begünstigt und lokale Wunder wie die Tomate aus Vraca verdrängt.

Inzwischen hat sich einiges getan. In Supermärkten und auf Stadtteilmärkten bekommt man eine größere Vielfalt an Tomaten und auch geschmacklich haben wir die Zeit der roten, runden Wasserbehälter hinter uns gelassen. Dennoch ist die Tomate aus Vraca für mich eine wichtige Erinnerung daran, dass man Marktmechanismen mit einer gewissen Skepsis begegnen muss – gerade, wenn es ums Essen geht.

Topfengolatsche

Was mag sich hinter diesem wunderbar klagvollen Wort verbergen? – Ist es eine seltene Schlingpflanze, die nur einmal im Jahr bei Neumond Blüten treibt? Ist es eine Krötenart, die mit einem eigentümlichen Bellen die Wanderer erschreckt? Ist es ein Schmähruf für Mitglieder einer verfeindeten Jugendbande? – Nein, es ist ganz einfach eine Quarktasche, und zwar in Österreich. Meine erste und bisher einzige Topfengolatsche habe ich auf dem Wiener Flughafen erstanden. Schon auf der Hinreise hatte ich mir vorgenommen, meine Wartezeit für den Besuch einer österreichischen Bäckerei zu nutzen. Dass ich mit der Kaffeeterminologie etwas aufpassen muss, war mir bewusst, und so habe ich auch meinen „kleinen Braunen" fast ohne ins Stocken zu geraten bestellt. Bei der Wahl des Teilchens war ich aber überfordert. Ich konnte nicht gleichzeitig eine optische Auswahl treffen und Schildchen lesen. Also habe ich unbeholfen auf das Teil meiner Wahl gezeigt und nur „Ich hätte gerne so eine, äh… Dings-Tasche da" herausgekriegt. „Eine Topfengolatsche" korrigierte mich lächelnd die Verkäuferin in einem so weiblich-dunklen Wienerisch, dass mir kurz die Knie nachgaben. Ich musste noch dreimal auf das Schild schauen, bis ich die Bezeichnung korrekt nachsprechen konnte. Doch dann war ich von dieser sprachlich-geschmacklichen Doppel-Entdeckung so entzückt, dass ich bei jedem Biss stumm in mich hinein sann „Hhm…eine Topfengolatsche…" – Und so haben wir drei eine wunderbare halbe Stunde auf dem

Wiener Flughafen zusammen verbracht; der kleine Braune, die Topfengolatsche und ich.

Weihnachtsgebäck

„Es besteht keine Möglichkeit, den Verkauf von Weihnachtsgebäck vor einem bestimmten Datum zu verbieten." – Kurios! Da gibt es Leute, die der immer frühere Verkauf von Weihnachtswaren so sehr nervt, dass sie (typisch deutsch?) nach einem regulatorischen Eingriff rufen. Man kennt das: Die Haare sind noch feucht vom letzten Freibadbesuch – und schon steht man im Supermarkt vor einer Wand aus Lebkuchen und Aachener Printen. Doch während die meisten dies mit einem kurzen Stirnrunzeln abtun, fühlen sich andere so provoziert, dass sie rechtliche Schritte prüfen lassen.

Ich denke, diese Beobachtung sagt viel über das Verhältnis von Essen und Zeit aus. Essen braucht seine Zeit. Sowohl bei der Zubereitung und beim Verzehr, als auch im Ablauf der Jahreszeiten. Während die Seele noch vom Sommer träumt, fühlt der Mensch sich um seine Zeit betrogen, wenn das Warensortiment uns vormacht, dass morgen schon Heiligabend sei. Die Filialleiter paktieren dann scheinbar mit den Grauen Herren und stehlen uns wertvolle Tage und Wochen, die wir zum psychischen Übergang in den Winter brauchen. Der rationale Hinweis, dass die bloße Anwesenheit von Kokosmakronen im Supermarkt uns keine einzige Sekunde bis Weihnachten klaut, hilft dann nicht viel.

Mich selber schützt gegen dieses Gefühl eine Familientradition, wonach man Weihnachtsgebäck ohnehin nicht im Supermarkt kauft (außer Spekulatius vielleicht). Zwei Traditionslinien kommen dabei zusammen. Meine Mutter backt – ganz getreu nach der

Art und Weise ihrer eigenen Mutter – jedes Jahr mehrere Weihnachtsstollen. Und die Mutter meines Vaters hat zu Lebzeiten in solch einer Hülle und Fülle Weihnachtsplätzchen gebacken, als käme der Heiland selber zu Gast. Sie hat Rezepte in einer schwer lesbaren Schrift auf vergilbten Zetteln notiert und über Jahrzehnte im Advent hervorgeholt, um damit Plätzchenvarianten zu backen, die man in keinem Supermarkt findet. Diese wurden dann in runden Blechdosen quer durch die Republik geschickt.

Die Stollen und Plätzchen aus der Familie unterscheiden sich grundlegend von ihren kommerziellen Imitaten. Die Supermarktware schmeckt glatt und süß – und das war's. Die äußerliche Vielfalt ist vorgetäuscht; in vielem stecken die gleichen Zutaten drin. Das Familiengebäck hingegen schmeckt individueller. Jeder Backvorgang bringt leicht abweichende Ergebnisse. Eine größere Anzahl von Eigengeschmäckern kommt zum Tragen; der ansonsten allmächtige Zucker wird in enge Schranken gewiesen. Mancher Geschmack ist ungewohnt, herb, erdig. Und all diese Eigenschaften führen dazu, dass das heimische Weihnachtsgebäck den genau umgekehrten Effekt auf das Zeitempfinden hat. Es verkürzt nicht die Zeit bis Weihnachten. Vielmehr schenkt es uns eine zeitliche Verbindung zu früheren Generationen und Epochen.

Weihnachspute

Zugegeben: Wenn man die zahlreichen Talente meines Vaters auflisten möchte, fällt einem die Kochkunst nicht unbedingt als Erstes ein. Mein Vater ist ein kulinarischer Nonkonformist. Serviert man ihm etwas besonders Edles oder Raffiniertes, kann es schon sein, dass er aufsteht und

124

sich das Curry-Ketchup holt. Außerdem sind ihm starre Vorgaben (in jedem Lebensbereich) zuwider. Vorgeschriebene Zutaten, Mengenangaben, Zubereitungshinweise – er ist nicht geneigt, sich solch einem Diktat zu unterwerfen. Aber genau darin liegt sein Geheimnis, wenn er dann einmal kocht: Er improvisiert, nähert sich an, kombiniert Dinge, die nicht zusammengehören, verwendet Geräte, die einen anderen Zweck haben, lässt die Sache reifen, denkt um die Ecke... Und genau so entsteht (fast) jedes Jahr die wunderbare Weihnachtspute.

Das Ritual beginnt bereits einige Tage vor Weihnachten mit dem Gang in die Metzgerei. Der freundliche Inhaber erkennt meinen Vater und fragt ihn mit einem eingeweihten Lächeln, ob es denn wieder die Weihnachtspute – wie letztes Jahr – sein solle. Außerdem erweist er meinem hinzugezogenen Vater die Ehre, dass er ihn in (leicht angepasstem) Alemannisch bedient. Und so kommt mein Vater nicht nur mit einer großen Pute, sondern auch mit einem breiten Lächeln nach Hause – gleichermaßen zufrieden mit der Ware und der Wertschätzung, die ihm zuteilwurde.

Dann folgt der handwerkliche Abschnitt, bei dem ich selbst nicht zugegen bin, den ich allerdings anhand des Ergebnisses sowie bereitwilliger Erläuterungen meines Vaters einigermaßen rekonstruieren kann: Mein Vater bugsiert die Pute in einen riesigen Römertopf, steckt diesen in den Ofen und verbringt dann den Tag damit, in unterschiedlichen Abständen weitere Zutaten hinzuzugeben oder variable Behandlungen durchzuführen. Am Abend befinden sich dann im Topf neben der Pute mindestens auch Kartoffelstücke, Karotten, Zwiebeln sowie Äpfel und Pflaumen, die sich allesamt unter dem Einfluss der langen Garzeit sowie der Soße farblich einander angepasst haben. Das Motiv der deftig-süßlichen Gratwanderung findet sich auch in der

Würzung wieder: Rotwein wurde ebenso hinzugegeben wie Curry, Zucker ebenso wie Pfeffer, und mindestens ein halbes Dutzend weiterer Gewürze.

Wird die Weihnachtspute serviert, so geschieht dies immer in drei Schritten: Zunächst bekommt man ein oder zwei Stücke Fleisch, dann von den weiteren Zutaten, und schließlich noch einen Löffel von der Soße über das Ganze. Der Geschmack dieses Gerichts ist wie eine Gleichung mit sehr vielen Variablen, deren Ergebnis eine einzigartige Festlichkeit ist. Schön ist auch: Die Pute dominiert das Weihnachtsessen, aber sie monopolisiert es nicht. Alle anderen Familienmitglieder tragen mit unterschiedlichen Vor-, Bei- und Nachspeisen zur vollen Tafel und zum Gesamtkunstwerk des Weihnachtsabends mit bei.

Es bleibt immer so viel übrig, dass man gerne am zweiten Weihnachtsfeiertag noch einmal vorbeischauen kann: Dann schmeckt die Pute fast noch besser, weil die Zutaten sich noch weiter durchdrungen haben und außerdem die gewisse Überspanntheit des Weihnachtsfestes angenehm verflogen ist. Danach heißt es wieder warten bis sich mein Vater wieder ein knappes Jahr später zu seinem Lieblingsmetzger aufmacht. (Es sei denn, meine Eltern können es nicht lassen und holen an Pfingsten ein-zwei Portionen Weihnachtspute aus ihrer uralten, aber hochgeschätzten Tiefkühltruhe.)

Wein

Den langweiligsten Abend meines Lebens habe ich bei einer Weinprobe verbracht. Ich nenne weder Ort noch Zeitpunkt des Geschehens, um die sehr netten und wohlmeinenden Gastgeber zu schonen. Und ich räume ein, dass die Schuld ganz und gar bei mir liegt: Ich hatte offensichtlich das Konzept „Weinprobe" falsch verstanden. Bis dahin dachte ich, es handele sich dabei vor allem um einen legitimen Vorwand, um in froher Runde zwei-drei Gläser mehr als sonst zu trinken und sich an der entstehenden Geselligkeit zu freuen. Wenn einem dann noch ein junger Winzer mit leuchtenden Augen mehr oder weniger nachvollziehbare Dinge über seine Produkte erzählt, umso besser. Doch die Weinprobe an besagtem Abend folgte nicht diesem Muster. Sie war vielmehr – Verzeihung – eine bierernste Angelegenheit. Es fing damit an, dass den Anwesenden gleich zu Beginn Papier und Bleistift ausgehändigt wurden. Aber nicht, um damit etwa Kniffel oder Activity zu spielen, sondern um die eigenen Geschmackserlebnisse und Assoziationen beim Weintrinken möglichst genau dokumentieren zu können. Schon da fühlte ich mich an Deutsch-Aufsätze über Lektüren erinnert, die man nicht gelesen hatte. Doch dann fiel der Satz, der dem Abend den Todesstoß versetzte: Um sich einander bei den subtilen Wahrnehmungen des Weines nicht zu beeinflussen, bemerkte der Gastgeber lapidar, sei es ab jetzt allen untersagt miteinander zu reden. Ich hielt das zuerst für einen gar nicht so schlechten Scherz und wollte anerkennend losprusten. Doch dann sah ich, wie sich alle ernst nickend in einen mönchischen Schweigemodus begaben und alles weitere den Anweisungen des Gastgeber-Gurus folgend absolvierten. – Ich habe den ganzen Abend lang missmutig einen nach dem anderen Weißwein (ausgerechnet Weißwein!) herunter gekippt und schweigend irgendwelchen Blödsinn auf meinen Zettel geschrieben, den ich aber dann vorsorglich verschwinden ließ. Mein niederschmetterndes Fazit: Ich habe an diesem Abend niemanden kennengelernt. Ich habe nichts aus dem Leben anderer Menschen erfahren und keine erstaunlichen Ansichten zu hören bekommen. Ich konnte über keine gut platzierte Bemerkung lachen und niemandem Komplimente machen. Einen so hohen Preis darf man auch für den besten Wein nicht bezahlen!

Doch was will ich mit dieser Anekdote zum Ausdruck bringen, abgesehen davon, dass ich offenbar wenig von Wein verstehe? – Ich meine, dass das Wesen des Weins vor allem durch eines entsteht und zwar nicht durch Rebsorte oder Anbaugegend, nicht durch Jahrgang oder Hanglage, nicht durch Farb-, Geruchs- und Geschmacksnuancen – sondern durch die Gemeinschaft der ihn trinkenden Menschen. Es ist nicht verboten, Wein alleine zu trinken, aber eine kleine Sünde ist es doch. Wein hat die durch christliche Überlieferung geadelte Aufgabe, eine Verbindung zwischen Menschen herzustellen und ihnen ein Bewusstsein für ihre Zusammengehörigkeit zu verleihen. Daher hat es mich so aufgeregt, dass man an jenem Abend die Einsamkeit mit dem Weinglas über die Gemeinschaft der Menschen gestellt hat. Aber ich weiß: Ich sollte wahrscheinlich einfach ein-zwei Önologie-Kurse besuchen, damit ich bei der nächsten etwas anspruchsvolleren Weinprobe mitreden kann und anschließend keine unfairen Frust-Traktate mehr schreiben muss.

Dann wäre ich vielleicht auch in der Lage, die Qualität eines Weines nicht nur vom Supermarktpreis abzuleiten. Bisher läuft es ja eher so: Will ich aus irgendeinem Anlass einen etwas besseren Wein kaufen, dann muss er so um die 8 Euro kosten und ein Schloss auf dem Etikett haben. Diese Methode habe ich mir schon als Student in Brüssel angewöhnt, allerdings unter umgekehrten Vorzeichen. Ging ein WG-Mitbewohner in den Supermarkt, rief man ihm hinterher: *Tu achetes du 52 ?* – Kaufst Du einen 52er? Damit war aber nicht der Jahrgang gemeint, sondern der Preis. 52 belgische Francs entsprachen 2 Mark 60. Das konnte man im Kontext der studentischen Haushaltsführung durchaus für einen gemütlichen Abend investieren. Man musste nur aufpassen, nicht auf Vorrat eine weitere Flasche zu kaufen. Die wäre nämlich im Laufe des Folgetages noch ehe man von der Uni wieder kam aus dem eigenen persönlichen Küchenschrank verschwunden. WG-Sitten halt.

In späteren Lebensjahren gewinnt eine weitere Dimension an Bedeutung: Der Wein schafft nicht nur Verbindungen zwischen den Menschen, er geht auch eine wunderbare Verbindung mit dem Essen ein. Man kann vieles zum Essen trinken, aber erst ein Glas Wein macht die Mahlzeit zum Mahl. Wahrscheinlich gibt es recht nüchterne physiologische Erklärungen für dieses Zusammenspiel, die ich aber gar nicht kennen will, um den Zauber des Moments nicht zu verwässern, in dem der erste Happen des leckeren Essens auf den ersten Schluck aus dem Weinglas trifft. Mir scheint, dass dieser Effekt ganz besonders eindrücklich in der geographischen Zone zwischen Deutschland und der Mittelmeerküste gelingt: Die frisch gemachten Spaghetti Bolognese und der Chianti; die ungarische Gulaschsuppe und der Rotwein aus Szekszárd; die französische Käseplatte und der Crozes-Hermitage. Ich räume gerne ein, dass diese Vorliebe vielleicht nicht nur meiner ganz persönlichen Empfindung entspringt, sondern auch kulturellen Prägungen geschuldet ist: Zwischen Wein und Speise schmecken wir ganz deutlich unseren (mitteleuropäischen) Traum vom besseren Leben an südlichen Orten heraus. Die Sehnsucht isst und trinkt mit. Was ist dagegen einzuwenden?

P.S.: Wenn ich das Privileg hätte, eine eigene Sprache zu erfinden, dann würde ich das Wort für „Wein" in seiner Bedeutung auf Rotwein beschränken. Weißwein ist einfach etwas anderes.

Zwiebeln & Knoblauch

Zwiebeln und Knoblauch sind die Heinzelmännchen der europäischen Küche. Sie treten kaum in Erscheinung und leisten doch Enormes zum Wohle aller. Es gibt kaum ein anständiges Gericht, das nicht mit einer kleingeschnittenen Zwiebel in der Pfanne oder im Topf anfängt. Und sehr viele besonders geschmacksintensive Kreationen bekommen ihren letzten Kick durch den Knoblauch, der sich darin befindet. Doch trotz dieser großen Verdienste tauchen die Zwiebel und der Knoblauch so gut wie nie in den Namen der jeweiligen Gerichte auf. Eine krasse Ungerechtigkeit, die noch dadurch untermauert wird, dass der alphabetische Zufall (wieder einmal) Zwiebel und Knoblauch ganz ans Ende dieser Ausführungen stellt, obwohl sie schon auf den Seiten bis hierher an zahllosen Stellen fleißig mitgewirkt haben.

Doch ganz so klaglos wie die Heinzelmännchen nehmen Zwiebel und Knoblauch diese Missachtung nicht hin. Sie haben sich jeweils eine kleine Waffe zugelegt, die sie gegen uns undankbare Menschen einsetzen. Die Zwiebel sticht uns beim Schneiden in die Augen und zwingt uns somit, jene Tränen zu vergießen, die sie selbst angesichts der mangelnden Wertschätzung unsererseits empfindet. Und der Knoblauch lacht sich ins Fäustchen, wenn wir noch Stunden nach dem Genuss mit einem pelzigen Geschmack auf der Zunge eine Geruchsnote ausdünsten, die uns jedes Rendezvous verhagelt. So haben beide ihre kleine Revanche, die jedoch – *hélas* – bei uns zu keiner erkennbaren Verhaltensänderung führt.

Welche Lehre können wir daraus – zumal am Ende dieses Buches – ziehen? Vielleicht so viel: Nehmen Sie Ihre Zutaten ernst! Begegnen Sie ihnen mit Respekt. Würdigen Sie die Leistung jedes einzelnen Lebensmittels und genießen Sie jedes Gericht mit Wertschätzung und Dankbarkeit. Zwiebel und Knoblauch werden Sie daraufhin zwar nicht verschonen; dafür sitzt der Stachel zu tief. Aber Sie selber werden Ihr Leben durch eine große Portion an Geschmack, Genuss und Lebensfreude bereichern – ganz so, wie es mir beim Schreiben dieses Buches erging.